Wilmer Nino Alcocer Huaranga

LA MENTE DEL EMPRENDEDOR

Copyright © 2023   Wilmer Nino Alcocer Huaranga.

INTRODUCCIÓN

La mente del emprendedor es una combinación de habilidades, actitudes y características que les permite a las personas ser exitosas en la creación y gestión de negocios. De forma preliminar y con fines didácticos se puede enunciar que algunos rasgos comunes de la mente del emprendedor son:

1. Visión: La capacidad de visualizar el futuro y tener una imagen clara de lo que se quiere lograr.
2. Pasión: Una gran pasión por el negocio y una motivación intrínseca para hacerlo funcionar.
3. Resiliencia: La capacidad de superar obstáculos y mantenerse motivado a pesar de los desafíos.
4. Riesgo: La disposición a asumir riesgos y a innovar en busca de nuevas oportunidades.
5. Adaptabilidad: La capacidad de cambiar y ajustar el enfoque en función de los cambios en el mercado o en el entorno.
6. Liderazgo: La habilidad de dirigir y motivar a un equipo hacia el éxito.
7. Creatividad: La capacidad de generar ideas nuevas y originales y de encontrar soluciones innovadoras a los problemas.

8. Persistencia: La determinación y la tenacidad para continuar trabajando hacia el objetivo, incluso cuando se enfrentan a dificultades.

A lo largo del libro se desarrollarán otros rasgos de la mente del emprendedor. Cabe enfatizar que no todos los emprendedores necesariamente tienen todos estos rasgos; sin embargo, desarrollar estas habilidades y características puede ser esencial para tener éxito como emprendedor.

En este libro se analizará la mente del emprendedor de manera amplia que incluya tanto a quienes ponen en marcha un negocio propio como a aquellos que invierten en negocios ajenos. No debemos olvidar que la economía sigue en evolución y no sólo podemos observar al emprendedor desde un único enfoque. Es así que pretendemos analizar la mente del emprendedor desde dos enfoques: La mente del *emprendedor tradicional*, quien es aquel que tiene la visión, la creatividad y el coraje de poner en marcha su propio negocio, tomar riesgos y trabajar arduamente para hacerlo realidad. En este sentido, un emprendedor es el dueño y el responsable de la gestión del negocio; y, la mente del *inversionista emprendedor*, quien es aquel que invierte en negocios ajenos y ayuda a financiar y apoyar a otros emprendedores. Este tipo de inversionista puede aportar no solo capital sino también conocimientos y experiencia para ayudar a los emprendedores a hacer crecer sus negocios.

Conocer ambas formas de pensar para un emprendedor es importante porque tanto los emprendedores tradicionales como los inversionistas emprendedores tienen un papel importante en la creación y el desarrollo de negocios, y ambos pueden ser considerados como emprendedores en sentido amplio. Sin olvidar que los emprendedores son un componente crítico de la economía tanto local como nacional. Los emprendedores a menudo tienen un enfoque innovador y una mentalidad emprendedora que les permite crear nuevas oportunidades de negocios y generar empleo. Además, los emprendedores a menudo son responsables de la introducción de productos y servicios innovadores en el mercado, lo que impulsa la economía y mejora la vida de las personas.

Por otro lado, también analizaremos la mente de una categoría que denominados el *emprendedor que va rumbo al fracaso*, que es aquél que concentra los aspectos negativos del ser emprendedor y que conllevó aquel infortunio destino; pero no se realizará este análisis con una intención ofensiva sino con el fin de servirle al lector aquellas características y aspectos que debería evitar o cambiar si no desea caer en esta categoría.

Este libro no pretende ser un guía para convertirse en emprendedor, pero es posible que comprendiendo como funciona la mente del emprendedor, tanto del tradicional como del inversionista, pueda al lector abrir su mente a un sinnúmero de posibilidades económicas.

Para el fin propuesto este libro se redactó con el fin de alcanzar facilidad en la comprensión de las ideas expuestas, para ello nos centramos en afirmaciones concretas y claras. Le invitamos a leer el contenido completo del presente libro y agradecemos su preferencia.

EL AUTOR

ÍNDICE

INTRODUCCIÓN iii

ÍNDICE vii

CAPÍTULO I 1

EL EMPRENDEDOR 1

    1.1.   ¿Quién es un emprendedor? 1

            1.1.1.   La capacidad de identificar oportunidades de negocios. 1

            1.1.2.   Tomar riesgos para convertir esas oportunidades de negocio en realidad. 2

    1.2.   ¿Cuál es el objetivo de un emprendedor? 3

    1.3.   ¿Qué significa maximizar el éxito para el emprendedor? 3

    1.4.   Las características de un emprendedor. 4

    1.5.   ¿El emprendedor es innato o ser puede aprender a ser emprendedor? 5

    1.6.   ¿Cuál es la meta principal del emprendedor? 6

    1.7.   Clases de emprendedores. 7

    1.8.   Desenvolvimiento del emprendedor dependiendo del nivel de desarrollo del país. 8

    1.9.   ¿Cómo supera el emprendedor las dificultades de emprender en un país en desarrollo? 10

1.10.	¿Cómo se desenvuelve el emprendedor en los países en desarrollados?	12
1.11.	¿Qué se requiere para ser un emprendedor exitoso?	12
1.12.	¿El inversionista puede ser concebido como un emprendedor?	14

CAPÍTULO II 17

LA MENTE DEL EMPRENDEDOR TRADICIONAL 17

2.1.	¿A quién conocemos como un emprendedor tradicional?	17
2.2.	¿Cuándo hablamos de emprendedor tradicional lo vinculamos siempre con un negocio?	18
2.3.	¿Cuáles son las características de un emprendedor tradicional?	18
2.4.	¿Cualquier persona puede ser un emprendedor tradicional?	19
2.5.	¿Cómo es la mente de un emprendedor tradicional?	20
2.6.	Los aspectos claves de la mente de un emprendedor tradicional.	20
	2.6.1. Tiene una mente alerta frente a una oportunidad de negocio.	20
	2.6.2. Tiene una mentalidad conservadora y práctica.	21
	2.6.3. Tiene una mente preparada que le permita tener una comprensión profunda del mercado y de las tendencias económicas.	21
	2.6.4. Tiene una mente capaz de adaptarse y con capacidad de reaccionar rápidamente a los cambios en el mercado.	22

2.6.5. Tiene una visión clara de su mercado objetivo y de cómo su producto o servicio se ajusta a las necesidades y deseos de ese mercado. 22

2.6.6. Tiene una mente decidida para poner en marcha el negocio pensado, su mente no está limitada por los riesgos inherentes de su emprendimiento..................23

2.6.7. Tiene una mentalidad enfocada en minimizar los riesgos que pretende aceptar en su emprendimiento. 23

2.6.8. Tiene una mentalidad perseverante y sin miedo al fracaso. 24

2.6.9. Tiene una mentalidad que no se quiebra por el fracaso de sus primeros intentos. ..24

2.6.10. Tiene una mente preparada para tomar decisiones difíciles y actuar con rapidez cuando surjan desafíos o cambios en el mercado. 25

2.6.11. Tiene una mente persistente y comprometida con el éxito de su negocio a largo plazo. 25

2.6.12. Tiene una mentalidad enfocada en maximizar el éxito y el crecimiento de su negocio....................26

2.6.13. Tiene una mentalidad alejada de la vanidad.....................26

2.6.14. ¿El emprendedor tradicional tiene una mente libre, creativo y flexible entorno al ámbito empresarial? 27

	2.6.15.	Tiene una mente enfocada en alcanzar un equilibrio entre el crecimiento financiero y el crecimiento personal, y lograr una satisfacción y realización personales a través de su negocio. 27
	2.6.16.	Tiene una mentalidad realista en la medida que siempre estará pendiente de las necesidades del mercado y sus clientes. 28
	2.6.17.	Tiene una mente cooperativa, para trabajar en equipo y ser líder del mismo.28
	2.6.18.	Tiene una mente capaz de formar alianzas estratégicas, no se cierra egoístamente a ser el único dueño de su negocio, sino que puede asociarse con inversionistas externos cuando sea necesario. 29
	2.6.19.	Tiene una mente enfocada en la eficiencia y en la rentabilidad. 30
2.7.	¿Cuáles son los típicos emprendimientos del emprendedor tradicional? 30	
2.8.	¿Cuáles son las limitaciones de los típicos emprendimientos del emprendedor tradicional? 31	
2.9.	¿Cuáles son las ventajas de los típicos emprendimientos del emprendedor tradicional? 32	
2.10.	¿Por qué preferir los emprendimientos tradicionales en lugar de los innovadores? 33	

CAPÍTULO III 35

LA MENTE DEL EMPRENDEDOR INNOVADOR-DISRUPTIVO..35

3.1.	¿A quién conocemos como un emprendedor innovador-disruptivo?	35
3.2.	¿Cuándo hablamos de emprendedor innovador-disruptivo lo vinculamos siempre con un negocio?	36
3.3.	¿Cuál es el tipo de emprendimiento que realiza el emprendedor innovador-disruptivo?	36
3.4.	¿Cuáles son las características de un emprendedor innovador-disruptivo?	37
3.5.	¿Cualquier persona puede ser un emprendedor innovador-disruptivo?	38
3.6.	¿Cómo es la mente de un emprendedor innovador-disruptivo?	39
3.7.	Los aspectos claves de la mente de un emprendedor innovador-disruptivo.	39
	3.7.1. Tiene una mente visionaria e innovadora.	39
	3.7.2. Tiene una mente creativa.	40
	3.7.3. Tiene una mente alerta frente a una oportunidad de negocio.	40
	3.7.4. Tiene una mentalidad conservadora y práctica.	41
	3.7.5. Tiene una mente preparada que le permita tener una comprensión profunda del mercado y de las tendencias económicas.	41
	3.7.6. Tiene una mente capaz de adaptarse y con capacidad de reaccionar rápidamente a los cambios en el mercado.	42

3.7.7.	Tiene una visión clara de su mercado objetivo y de cómo su producto o servicio se ajusta a las necesidades y deseos de ese mercado.	42
3.7.8.	Tiene una mente decidida y no limitada por el riesgo.	43
3.7.9.	Tiene una mente analizadora de los riesgos.	43
3.7.10.	Tiene una mentalidad perseverante y sin miedo al fracaso.	44
3.7.11.	Tiene una mentalidad que no se quiebra por el fracaso de sus primeros intentos.	44
3.7.12.	Tiene una mente preparada para tomar decisiones difíciles y actuar con rapidez cuando surjan desafíos o cambios en el mercado.	45
3.7.13.	Tiene una mente persistente y comprometida con el éxito de su proyecto.	45
3.7.14.	Tiene una mentalidad enfocada en maximizar el éxito y el crecimiento de su negocio.	46
3.7.15.	Tiene una mente libre, creativo y flexible entorno al ámbito empresarial.	46
3.7.16.	Tiene una mente enfocada en alcanzar un equilibrio entre el crecimiento financiero y el crecimiento personal, y lograr una satisfacción y realización personales a través de su negocio.	47

	3.7.17.	Tiene una mentalidad realista en la medida que siempre estará pendiente de las necesidades del mercado y sus clientes. 47
	3.7.18.	Tiene una mente cooperativa, para trabajar en equipo y ser líder del mismo. 48
	3.7.19.	Tiene una mente capaz de formar alianzas estratégicas. 49
	3.7.20.	Tiene una mente enfocada en la eficiencia y en la rentabilidad. 49
	3.7.21.	Tiene una mente enfocada en pensar fuera de la caja y una mente que se centra en el futuro. 50
3.7.	¿Cuáles son los típicos emprendimientos del emprendedor innovador-disruptivo? 50	
3.8.	¿Cuáles son las limitaciones de los típicos emprendimientos del emprendedor innovador-disruptivo? 51	
3.9.	¿Cuáles son las ventajas de los típicos emprendimientos del emprendedor innovador-disruptivo? 53	
3.10.	¿Por qué preferir los emprendimientos innovadores en lugar de los tradicionales? 54	

CAPÍTULO IV 57

LA MENTE DEL INVERSIONISTA EMPRENDEDOR 57

4.1.	¿A quién conocemos como un inversionista emprendedor? 57	
4.2.	¿Qué diferencia hay entre un inversionista emprendedor de un inversionista? 58	

4.3.	¿Cuándo hablamos de inversionista emprendedor lo vinculamos siempre con un negocio?	59
4.4.	¿Cuál es el tipo de emprendimiento que realiza el inversionista emprendedor?	59
4.5.	¿Por qué el inversionista emprendedor suele enfocarse en empresas de edad temprana y en startups?	60
4.6.	¿Cuáles son las características de un inversionista emprendedor?	61
4.7.	¿Cualquier persona puede ser un inversionista emprendedor?	62
4.8.	¿Cómo es la mente de un inversionista emprendedor?	62
4.9.	Los aspectos claves de la mente de un inversionista emprendedor.	63
	4.9.1. Tiene una mente visionaria e innovadora.	63
	4.9.2. Tiene una mente creativa.	63
	4.9.3. Tiene una mente alerta frente a una oportunidad de negocio.	64
	4.9.4. Tiene una mentalidad conservadora y práctica.	64
	4.9.5. Tiene una mente preparada que le permita tener una comprensión profunda del mercado y de las tendencias económicas.	65
	4.9.6. Tiene una mente capaz de adaptarse y con capacidad de reaccionar rápidamente a los cambios en el mercado.	65

4.9.7. Tiene una visión clara de su mercado objetivo y de cómo su inversión tendrá éxito. 66

4.9.8. Tiene una mente decidida y no limitada por el riesgo. 66

4.9.9. Tiene una mente calculadora de los riesgos. 67

4.9.10. Tiene una mente adaptado al aprendizaje continuo. 67

4.9.11. Tiene una mentalidad perseverante y sin miedo al fracaso. 68

4.9.12. Tiene una mentalidad que no se quiebra por el fracaso de sus primeros intentos. .. 68

4.9.13. Tiene una mente preparada para tomar decisiones difíciles y actuar con rapidez cuando surjan desafíos o cambios en el mercado. 69

4.9.14. Tiene una mente persistente y comprometida con el éxito de su proyecto. 69

4.9.15. Tiene una mentalidad enfocada en maximizar el éxito y el crecimiento de su negocio. 70

4.9.16. Tiene una mente libre, creativo y flexible entorno al ámbito empresarial. 70

4.9.17. Tiene una mente enfocada en alcanzar un equilibrio entre el crecimiento financiero y el crecimiento personal, y lograr una satisfacción y realización personales a través de su negocio. 71

	4.9.18.	Tiene una mente cooperativa, para trabajar en equipo y ser líder del mismo.71
	4.9.19.	Tiene una mente capaz de formar alianzas estratégicas. 72
	4.9.20.	Tiene una mente enfocada en la eficiencia y en la rentabilidad. 72
	4.9.21.	¿El inversionista emprendedor tiene una mente enfocada en pensar fuera de la caja y una mente que se centra en el futuro? .73
4.10.		¿Cuáles son los típicos emprendimientos del inversionista emprendedor? 73
4.11.		¿Cuáles son las limitaciones de los típicos emprendimientos del inversionista emprendedor? 75
4.12.		¿Cuáles son las ventajas de los típicos emprendimientos del inversionista emprendedor? 76

CAPÍTULO V 79

LA MENTE DEL EMPRENDEDOR QUE VA RUMBO AL FRACASO 79

5.1.	¿A quién conocemos como un emprendedor que va rumbo al fracaso? 79
5.2.	¿Qué diferencia al emprendedor que va rumbo al fracaso de los otros tipos de emprendedores estudiados? 80
5.3.	¿Cuáles son las características de un emprendedor que va rumbo al fracaso? 80
5.4.	¿El fracaso de un emprendedor tiene relación con el tipo de negocio o proyecto? 82

5.5. ¿Cómo es la mente de un emprendedor que va rumbo al fracaso?..........82

5.6. Los aspectos claves de la mente de un emprendedor que va rumbo al fracaso...........83

    5.6.1. Tiene una mente visionaria pero su mente no es realista..........83

    5.6.2. Tiene una mente creativa pero no es práctica..........83

    5.6.3. Tiene una mente lenta para ver oportunidades de negocio..........84

    5.6.4. Tiene una mente que no puede diseñar planes..........84

    5.6.5. Tiene una mente incapaz de adaptarse rápidamente a los cambios en el mercado.85

    5.6.6. Tiene una mente que incapaz de ver los beneficios de realizar investigaciones del mercado..........85

    5.6.7. Tiene una mente cerrada y egoísta..........85

    5.6.8. Tiene una mente incapaz de analizar los riesgos..........86

    5.6.9. Tiene una mente con falta de enfoque....86

    5.6.10. Tiene una mentalidad impaciente..........87

    5.6.11. Tiene una mentalidad débil que se quiebra frente al fracaso..........87

    5.6.12. Tiene una mente no preparada y con falta de habilidades..........88

    5.6.13. Tiene una mente caracterizada por el libertinaje..........88

- 5.6.14. Tiene una mente emocional porque toma decisiones basadas en emociones en lugar de hechos. 89
- 5.6.15. Tiene una mente incapaz de formar alianzas estratégicas. 89
- 5.6.16. ¿El emprendedor que va rumbo al fracaso tiene en su mente la búsqueda del éxito? 90
- 5.7. ¿Qué tengo que hacer para no ser un emprendedor que va rumbo al fracaso? 90

REFERENCIAS 93

CAPÍTULO I

EL EMPRENDEDOR

> «Ser emprendedor no es ser un soñador. El soñador está en las nubes. El emprendedor fabrica un avión para llegar a ellas» (Winston Churchill, citado por Boluda, 2016).

1.1. ¿Quién es un emprendedor?

El emprendedor es una persona que tiene la capacidad de identificar oportunidades de negocios y tomar riesgos para convertir esas oportunidades en realidad. Un emprendedor puede ser un individuo o un grupo de personas que trabajan juntas para crear y desarrollar un negocio.

Como se puede identificar, son dos los elementos claves de un emprendedor, los cuales se procede a analizar a continuación.

1.1.1. La capacidad de identificar oportunidades de negocios.

La capacidad de identificar oportunidades de negocios es una de las habilidades más importantes de un emprendedor. Un buen emprendedor es capaz de percibir oportunidades en el mercado que otros pueden no ver, y luego actuar sobre ellas para crear un negocio exitoso.

Esto requiere un enfoque innovador y una mentalidad emprendedora, así como una comprensión profunda del mercado y de las tendencias económicas. Los emprendedores exitosos también suelen tener una gran capacidad de adaptación y son capaces de reaccionar rápidamente a los cambios en el mercado.

Además, los emprendedores también deben tener una visión clara de su mercado objetivo y de cómo su producto o servicio se ajusta a las necesidades y deseos de ese mercado. Esto les permite crear un negocio que tenga una ventaja competitiva y una base sólida de clientes leales.

En resumen, la capacidad de identificar oportunidades de negocios es una habilidad esencial para cualquier emprendedor que busque tener éxito en el mundo empresarial.

1.1.2. Tomar riesgos para convertir esas oportunidades de negocio en realidad.

Tomar riesgos es un aspecto crucial de ser un emprendedor. El éxito en el mundo empresarial a menudo requiere una disposición a correr riesgos y a asumir responsabilidades financieras y empresariales.

Los emprendedores deben estar dispuestos a invertir su tiempo, su energía y su dinero en su negocio, sabiendo que no hay garantía de éxito. A veces, los emprendedores fracasan en sus primeros intentos, pero deben tener la determinación y la perseverancia para seguir adelante y aprender de sus errores.

Además, los emprendedores deben estar dispuestos a tomar decisiones difíciles y a actuar con rapidez cuando surjan desafíos o cambios en el mercado. Esto les permite mantenerse un paso adelante de la competencia y asegurarse de que su negocio siga siendo relevante y exitoso.

En resumen, tomar riesgos es un aspecto fundamental de ser un emprendedor. Sin una disposición a correr riesgos, es difícil tener éxito en el mundo empresarial. Sin embargo, es importante recordar que los riesgos deben ser calculados y basados en una comprensión profunda del mercado y de las oportunidades de negocios.

1.2. ¿Cuál es el objetivo de un emprendedor?

El objetivo principal de un emprendedor es maximizar el éxito y el crecimiento de su negocio, pero también pueden tener un impacto positivo en la economía y la sociedad en general. Los emprendedores a menudo son vistos como líderes innovadores que tienen un papel importante en la creación de nuevos empleos y la generación de riqueza.

1.3. ¿Qué significa maximizar el éxito para el emprendedor?

Maximizar el éxito tiene diferentes significados, pero en general, significa alcanzar los objetivos y metas que uno se ha fijado para su negocio.

Para algunos emprendedores, maximizar el éxito puede significar tener un alto margen de ganancia o una gran cantidad de ingresos. Para otros, puede significar tener un negocio sostenible y escalable que les permita trabajar en lo que les apasiona.

En general, maximizar el éxito para un emprendedor significa alcanzar un equilibrio entre el crecimiento financiero y el crecimiento personal, y lograr una satisfacción y realización personales a través de su negocio.

Esto puede lograrse a través de una combinación de factores, como tener una estrategia sólida, una cultura empresarial fuerte, un equipo de colaboradores talentoso y motivado, y una visión clara de cómo el negocio encaja en el mercado y cumple con las necesidades de los clientes.

En resumen, maximizar el éxito para un emprendedor significa alcanzar un equilibrio entre el éxito financiero y el éxito personal, y lograr una sensación de satisfacción y realización a través de su negocio.

1.4. Las características de un emprendedor.

Hay muchas características que pueden ser esenciales para el éxito de un emprendedor, algunas de las cuales incluyen:

1. Visión: Los emprendedores tienen una visión clara y una comprensión profunda de su mercado y de cómo su negocio se encaja en él.

2. Pasión: Los emprendedores están altamente motivados y apasionados por lo que hacen, lo que les permite trabajar duro y superar desafíos.

3. Innovación: Los emprendedores son pensadores creativos y están dispuestos a tomar riesgos y a

explorar nuevas ideas e oportunidades de negocios.

4. Determinación: Los emprendedores tienen la tenacidad y la perseverancia necesarias para superar obstáculos y lograr sus objetivos.

5. Flexibilidad: Los emprendedores son capaces de adaptarse rápidamente a los cambios en el mercado y a las demandas de sus clientes.

6. Comunicación: Los emprendedores son habilidosos en la comunicación y son capaces de persuadir y motivar a otros para lograr sus objetivos.

7. Liderazgo: Los emprendedores son líderes naturales que inspiran a su equipo y les permiten trabajar juntos para lograr sus objetivos.

8. Toma de decisiones: Los emprendedores son capaces de tomar decisiones rápidas y efectivas, y son responsables de las consecuencias de sus acciones.

Estas son solo algunas de las características que pueden ser esenciales para el éxito de un emprendedor. Es importante destacar que cada persona es única, y que cada emprendimiento es diferente, por lo que no hay un perfil de emprendedor universal. Sin embargo, aquellos que poseen una combinación de estas características pueden tener una mayor probabilidad de éxito en el mundo empresarial.

1.5. ¿El emprendedor es innato o ser puede aprender a ser emprendedor?

Hay una discusión sobre si el ser emprendedor es algo innato o si puede ser enseñado y aprendido. En general, se cree que la tendencia emprendedora es una combinación de factores genéticos y ambientales.

Algunas personas pueden tener una predisposición natural hacia la toma de riesgos, la innovación y la resolución de problemas, lo que las hace más propensas a tener éxito como emprendedores. Sin embargo, estos rasgos no garantizan el éxito empresarial y pueden ser complementados o desarrollados a través de la formación y la experiencia.

Por otro lado, muchas personas pueden desarrollar habilidades emprendedoras a través de la formación y la experiencia. La educación y la formación en emprendimiento pueden ayudar a las personas a comprender cómo identificar oportunidades de negocios, desarrollar estrategias efectivas, y gestionar y liderar equipos de trabajo.

En resumen, se cree que la tendencia emprendedora es una combinación de factores genéticos y ambientales, pero que también puede ser desarrollada a través de la formación y la experiencia. Esto significa que tanto aquellos con una tendencia innata hacia el emprendimiento como aquellos que quieran desarrollar habilidades emprendedoras pueden tener éxito en el mundo empresarial.

1.6. ¿Cuál es la meta principal del emprendedor?

La meta principal de un emprendedor es generalmente la creación y el crecimiento de un negocio exitoso y rentable. Esto puede incluir objetivos como:

1. Generación de ingresos: El emprendedor busca asegurarse de que su negocio genere ingresos suficientes para cubrir sus gastos y para lograr un margen de ganancia.

2. Expansión del negocio: El emprendedor busca aumentar la escala y la presencia de su negocio, ya sea a nivel local, nacional o internacional.

3. Mejora de la calidad de vida: El emprendimiento puede permitir al emprendedor mejorar su estilo de vida y tener más tiempo y libertad para hacer las cosas que disfruta.

4. Impacto positivo en la sociedad: Muchos emprendedores quieren tener un impacto positivo en su comunidad y en el mundo, y creen que su negocio puede ser una herramienta para lograr estos objetivos.

5. Creación de empleo: El emprendimiento puede crear nuevos puestos de trabajo y ayudar a reducir el desempleo en una comunidad.

Estos son solo algunos ejemplos de las metas que puede tener un emprendedor. Es importante destacar que cada emprendimiento es diferente y que los objetivos de un emprendedor pueden variar en función de su mercado, su modelo de negocios y su estilo de vida personal. Sin embargo, la mayoría de los emprendedores buscan lograr un equilibrio entre su éxito empresarial y su bienestar personal y familiar.

1.7. Clases de emprendedores.

Hay muchos tipos diferentes de emprendedores, y pueden ser clasificados de diferentes maneras. La clasificación más comunes incluye:

1. Emprendedores de primeriza: Son aquellos que están iniciando su primer negocio y que aún no tienen experiencia en el mundo empresarial.

2. Emprendedores seriales: Son aquellos que han tenido éxito con uno o más negocios y que continúan creando nuevos emprendimientos.

3. Emprendedores de lifestyle: Son aquellos que inician un negocio con el objetivo de mejorar su estilo de vida y tener más tiempo y libertad para hacer las cosas que disfrutan.

4. Emprendedores sociales: Son aquellos que buscan crear negocios que tengan un impacto positivo en la sociedad y en el medio ambiente.

5. Emprendedores de alto impacto: Son aquellos que buscan crear negocios con un potencial de crecimiento y generación de ingresos significativos.

6. Emprendedores intraprendedores: Son aquellos que actúan como emprendedores dentro de una organización establecida, creando nuevos productos o servicios y liderando iniciativas innovadoras.

Es importante destacar que muchos emprendedores pueden encajar en varias categorías y que las clasificaciones pueden variar en función del contexto y la perspectiva de la persona que las hace. Sin embargo, cualquiera que sea el tipo de emprendedor, todos comparten la misma pasión por crear y hacer crecer un negocio.

1.8. Desenvolvimiento del emprendedor dependiendo del nivel de desarrollo del país.

Puede haber diferencias significativas entre ser emprendedor en un país desarrollado y en un país en desarrollo.

Algunos de los factores que pueden afectar la experiencia del emprendedor en cada contexto:

- Países desarrollados:
  - Acceso a financiamiento: Los emprendedores en países desarrollados suelen tener un acceso más fácil a financiamiento, ya sea a través de préstamos bancarios, inversionistas ángel o inversionistas institucionales.
  - Infraestructura: En los países desarrollados, la infraestructura está generalmente más desarrollada, lo que puede facilitar la creación y crecimiento de un negocio.
  - Protección de la propiedad intelectual: La protección de la propiedad intelectual es generalmente más fuerte en los países desarrollados, lo que puede ayudar a proteger las ideas y los productos innovadores.
  - Mayor estabilidad política y económica: En los países desarrollados, la estabilidad política y económica es generalmente mayor, lo que puede ofrecer un entorno más predecible y estable para los emprendedores.
- Países en desarrollo:
  - Menor acceso a financiamiento: Los emprendedores en países en desarrollo pueden tener dificultades para obtener financiamiento, ya que los inversionistas pueden considerar que los riesgos son más altos y las oportunidades de retorno más inciertas.
  - Infraestructura limitada: La infraestructura en los países en desarrollo puede ser

limitada, lo que puede dificultar la creación y crecimiento de un negocio.

- Protección de la propiedad intelectual limitada: La protección de la propiedad intelectual puede ser limitada en los países en desarrollo, lo que puede dificultar la innovación y la protección de las ideas y los productos innovadores.

- Mayor inestabilidad política y económica: En los países en desarrollo, la estabilidad política y económica puede ser más incierta, lo que puede crear un entorno más desafiante para los emprendedores.

A pesar de estas diferencias, también es importante destacar que hay emprendedores exitosos en todas las partes del mundo y que las oportunidades y desafíos dependen en gran medida del sector y la industria específicos en los que opera un emprendedor.

1.9. ¿Cómo supera el emprendedor las dificultades de emprender en un país en desarrollo?

Para superar las dificultades de emprender en los países en desarrollo, el emprendedor tiene que adoptar estrategias, entre los cuales podemos identificar los siguientes:

1. Crear soluciones innovadoras: Muchos emprendedores en los países en desarrollo se enfrentan a barreras y desafíos únicos, y pueden tener que ser muy creativos para superarlos. Esto puede implicar encontrar soluciones innovadoras a problemas, como la falta de

acceso a financiamiento o la falta de infraestructura.

2. Formar alianzas estratégicas: Los emprendedores pueden formar alianzas estratégicas con otros emprendedores, empresas, organizaciones e incluso con el gobierno para superar los desafíos. Por ejemplo, pueden trabajar juntos para mejorar la infraestructura en su comunidad o para obtener financiamiento conjunto para sus proyectos.

3. Utilizar tecnología: La tecnología puede ser una herramienta valiosa para los emprendedores en los países en desarrollo. Por ejemplo, pueden utilizar plataformas en línea para vender sus productos y servicios, o pueden utilizar tecnologías de bajo costo para mejorar sus procesos de negocios.

4. Participar en programas de capacitación y mentoría: Muchos programas de capacitación y mentoría están disponibles para emprendedores en los países en desarrollo. Estos programas pueden brindar a los emprendedores la oportunidad de aprender de expertos en el campo, mejorar sus habilidades y establecer conexiones valiosas.

5. Mantener un enfoque a largo plazo: Los emprendedores en los países en desarrollo a menudo enfrentan desafíos y barreras a corto plazo, pero es importante mantener un enfoque a largo plazo y ser persistentes en el camino hacia el éxito.

En resumen, para superar las dificultades de emprender en un país en desarrollo, los emprendedores deben ser creativos, formar alianzas estratégicas, utilizar tecnología y recursos disponibles, y mantener un enfoque a largo plazo.

1.10. ¿Cómo se desenvuelve el emprendedor en los países en desarrollados?

En los países desarrollados, el entorno para los emprendedores puede ser más favorable, con mayores recursos y oportunidades disponibles. Los emprendedores en estos países tienen acceso a financiación, infraestructuras, tecnologías avanzadas y un mercado más desarrollado. Sin embargo, también enfrentan desafíos, como la competencia feroz y la necesidad de mantenerse al día con las últimas tendencias y tecnologías.

En general, los emprendedores en los países desarrollados a menudo tienen más recursos y apoyo disponible para ayudarles a iniciar y desarrollar sus empresas. Sin embargo, esto también puede significar una mayor competencia y un mercado más exigente. Es importante para los emprendedores en estos países tener una visión clara de sus objetivos y un plan sólido para alcanzarlos.

1.11. ¿Qué se requiere para ser un emprendedor exitoso?

Para ser un emprendedor exitoso, hay varios requisitos y habilidades que deben ser desarrollados y/o adquiridos. Entre estos podemos mencionar los siguientes:

1. Visión y pasión: Una visión clara y una pasión por lo que se quiere lograr son cruciales para el éxito empresarial.

2. Resiliencia: Ser un emprendedor significa enfrentar desafíos y fracasos, y es importante tener la resiliencia necesaria para superarlos.
3. Toma de riesgos: Tomar riesgos calculados es una parte esencial de cualquier emprendimiento exitoso.
4. Habilidades de liderazgo: Ser un buen líder y motivador es importante para guiar y dirigir a un equipo hacia el éxito.
5. Conocimiento del mercado y de la industria: Conocer el mercado y la industria en la que se está operando es esencial para tomar decisiones informadas.
6. Habilidades financieras: Comprender cómo manejar y administrar las finanzas es crucial para el éxito empresarial a largo plazo.
7. Habilidades de comunicación: Ser capaz de comunicarse de manera efectiva con clientes, proveedores, empleados y otros stakeholders es esencial para el éxito empresarial.
8. Capacidad de adaptación: Ser capaz de adaptarse a los cambios en el mercado y en el entorno empresarial es crucial para el éxito a largo plazo.

Estos son solo algunos de los requisitos y habilidades importantes que un emprendedor debe tener. Cada emprendimiento es único y puede requerir habilidades y capacidades adicionales para tener éxito.

1.12. ¿El inversionista puede ser concebido como un emprendedor?

Es posible que un inversionista pueda ser considerado como un emprendedor, dependiendo de la forma en que invierta su capital. Un inversionista puede ser un emprendedor si invierte en una empresa o negocio en sus etapas tempranas y trabaja activamente para ayudar a esa empresa a crecer y desarrollarse. En este caso, el inversionista puede desempeñar un papel importante en la formación y dirección de la empresa, y puede tomar decisiones estratégicas para ayudar a asegurar el éxito del emprendimiento.

Sin embargo, también es posible que un inversionista no sea considerado un emprendedor si simplemente invierte en una empresa o negocio sin tener un papel activo en su dirección y gestión. En este caso, el inversionista es más bien un financiador pasivo, que está invirtiendo su capital en la esperanza de obtener un rendimiento a largo plazo.

En general, si bien los inversionistas pueden ser considerados como emprendedores en algunos casos, la mayoría de las veces son diferentes. Mientras que un emprendedor se centra en la creación y el desarrollo de un negocio, un inversionista se centra en la inversión de capital en una empresa o negocio con el objetivo de obtener un rendimiento financiero.

Entonces, ¿qué es un inversionista emprendedor? Mientras cumpla con los requisitos señalados es posible concebir la existencia de un *inversionista emprendedor*; básicamente tiene que proporcionar financiamiento, recursos, experiencia y conocimientos a los emprendedores, y además tiene que ser una parte integral del equipo de gestión y desarrollo del negocio.

CAPÍTULO II

LA MENTE DEL EMPRENDEDOR TRADICIONAL

> «*Estoy convencido que la mitad de lo que separa a los emprendedores exitosos de los que han fracasado es la perseverancia.*»
> (Steve Jobs, citado por Jauregui, 2014).

2.1. ¿A quién conocemos como un emprendedor tradicional?

Un emprendedor tradicional es una persona que se dedica a iniciar y administrar un negocio con el fin de obtener ganancias. A diferencia de los emprendedores innovadores o disruptivos, los emprendedores tradicionales se enfocan en la creación y administración de empresas en sectores establecidos y en modelos de negocios bien conocidos.

Los emprendedores tradicionales suelen tener un enfoque más conservador y pragmático en el negocio y suelen ser más cautelosos en la toma de riesgos. Se enfocan en desarrollar una base sólida de clientes y en crear una estructura empresarial estable antes de embarcarse en nuevos proyectos o expandir su negocio.

Aunque pueden ser menos innovadores que los emprendedores disruptivos, los emprendedores tradicionales pueden ser muy exitosos y tener un impacto significativo en su comunidad y en la economía local y nacional. Tienen un conocimiento profundo de su industria y una experiencia práctica en la gestión de un negocio, lo que les permite tomar decisiones informadas y resolver problemas de manera efectiva.

2.2. ¿Cuándo hablamos de emprendedor tradicional lo vinculamos siempre con un negocio?

Sí, en general, cuando hablamos de un emprendedor tradicional, nos referimos a alguien que ha iniciado un negocio o ha comprado una empresa existente y trabaja para mejorarlo y hacerlo crecer. Estos emprendedores suelen ser más cautelosos y menos arriesgados que los emprendedores innovadores o disruptivos y suelen seguir modelos de negocios ya establecidos.

Sin embargo, es importante tener en cuenta que los emprendedores tradicionales también pueden ser innovadores en su propio derecho y pueden introducir nuevas ideas y soluciones en su industria. Además, en muchos casos, los emprendedores tradicionales son la fuerza impulsora detrás de la economía local y nacional, y su papel es fundamental para el crecimiento y la prosperidad económica.

2.3. ¿Cuáles son las características de un emprendedor tradicional?

Las características comunes de un emprendedor tradicional son:

1. Orientación a resultados: Están enfocados en alcanzar objetivos y metas claras para su negocio.

2. Prácticos y cautelosos: Toman decisiones bien fundamentadas y evitan arriesgar demasiado en un negocio incierto.

3. Conocimiento y experiencia: Tienen una sólida formación y experiencia en su campo de negocios, lo que les permite tomar decisiones informadas.

4. Persistentes y dedicados: Son tenaces y dedicados a su negocio y están dispuestos a trabajar duro para alcanzar sus objetivos.

5. Habilidades de liderazgo y gestión empresarial: Son capaces de motivar y dirigir a su equipo y tienen habilidades sólidas de administración y finanzas.

6. Enfoque en la eficiencia: Buscan optimizar los recursos y maximizar la rentabilidad de su negocio.

7. Tradicionales: Siguen modelos de negocios conocidos y comprobados en lugar de innovar y arriesgarse con nuevos enfoques.

Estas características pueden variar de un emprendedor a otro, pero en general, los emprendedores tradicionales son conocidos por ser prácticos, cautelosos y orientados a resultados en su enfoque empresarial.

2.4. ¿Cualquier persona puede ser un emprendedor tradicional?

En teoría, cualquier persona puede ser un emprendedor tradicional si cuenta con las habilidades y recursos necesarios. Sin embargo, hay ciertas características personales y de personalidad que suelen ser comunes entre los emprendedores tradicionales, tales como una mentalidad emprendedora, una gran determinación, un fuerte espíritu empresarial, una visión clara de lo que quieren lograr, habilidades de liderazgo y una mentalidad orientada al crecimiento y a la expansión del negocio.

Es importante destacar que ser un emprendedor tradicional requiere de mucho trabajo, dedicación y sacrificio, pero para aquellos que tienen la pasión y el espíritu empresarial adecuados, puede ser una experiencia muy gratificante y exitosa.

2.5. ¿Cómo es la mente de un emprendedor tradicional?

La mente de un emprendedor tradicional se caracteriza por ser conservadora, práctica y orientada a resultados. Estos emprendedores suelen ser cautelosos en la toma de decisiones y prefieren minimizar los riesgos y seguir modelos de negocios conocidos y comprobados. Son persistentes y están comprometidos con el éxito de su negocio a largo plazo. Además, suelen tener habilidades de liderazgo y gestión empresarial bien desarrolladas y tienen un enfoque en la eficiencia y la rentabilidad.

2.6. Los aspectos claves de la mente de un emprendedor tradicional.

Los aspectos claves de la mentalidad emprendedora tradicional son:

2.6.1. Tiene una mente alerta frente a una oportunidad de negocio.

Para un emprendedor tradicional, tener una mente alerta frente a una oportunidad de negocio significa estar siempre atento a las necesidades del mercado y estar preparado para aprovechar las oportunidades que surjan. Esto incluye estar al tanto de las tendencias del mercado, identificar nichos de mercado no explotados y evaluar cuidadosamente los riesgos y las recompensas potenciales antes de tomar una decisión de inversión. Ser alerta a las oportunidades de negocios es una habilidad clave para un emprendedor tradicional que quiere tener éxito en su emprendimiento.

2.6.2. Tiene una mentalidad conservadora y práctica.

Tener una mentalidad conservadora y práctica significa que el emprendedor tradicional tiende a ser cauteloso y a preferir soluciones probadas y confiables a la hora de tomar decisiones en su negocio. Este tipo de emprendedor valora la estabilidad y la rentabilidad a largo plazo, y suele ser más tradicional en cuanto a su forma de hacer negocios. Por lo tanto, suele ser más conservador en su toma de riesgos y más práctico en su enfoque, prefiriendo soluciones que se han demostrado efectivas en el pasado.

2.6.3. Tiene una mente preparada que le permita tener una comprensión profunda del mercado y de las tendencias económicas.

Para un emprendedor tradicional, tener una mente preparada que le permita tener una comprensión profunda del mercado y de las tendencias económicas significa estar siempre atento y actualizado sobre los cambios y oportunidades en su sector o mercado de interés.

Esto les permite tomar decisiones informadas y estratégicas sobre su negocio y cómo posicionarse en el mercado para tener éxito. Al comprender las tendencias económicas y del mercado, un emprendedor tradicional puede identificar oportunidades y prepararse para aprovecharlas, así como también mitigar posibles riesgos y desafíos.

2.6.4. Tiene una mente capaz de adaptarse y con capacidad de reaccionar rápidamente a los cambios en el mercado.

Para un emprendedor tradicional, tener una mente capaz de adaptarse y con capacidad de reaccionar rápidamente a los cambios en el mercado significa que es un individuo que está preparado para hacer ajustes en su estrategia de negocios o en su modelo de negocio en función de las fluctuaciones del mercado. Este tipo de emprendedor está en constante búsqueda de nuevas oportunidades y es capaz de adaptarse a los cambios para aprovecharlos y mantenerse competitivo. Esta habilidad de adaptación es clave para el éxito a largo plazo en un mercado dinámico y cambiante.

2.6.5. Tiene una visión clara de su mercado objetivo y de cómo su producto o servicio se ajusta a las necesidades y deseos de ese mercado.

Para un emprendedor tradicional, tener una visión clara del mercado objetivo significa conocer a fondo a su público, sus necesidades, deseos y preferencias. Esto les permite ajustar su producto o servicio para satisfacer las demandas del mercado y, por lo tanto, aumentar la probabilidad de éxito. La comprensión profunda del mercado es un aspecto clave de la planificación empresarial y permite al emprendedor tradicional tomar decisiones informadas sobre cómo dirigir y desarrollar su negocio.

2.6.6. Tiene una mente decidida para poner en marcha el negocio pensado, su mente no está limitada por los riesgos inherentes de su emprendimiento.

Para un emprendedor tradicional, tener una mente decidida significa estar dispuesto a asumir los riesgos y desafíos que conlleva emprender un negocio. Este tipo de emprendedor tiene una mentalidad valiente y resuelta, y no se deja intimidar por las incertidumbres y los obstáculos que pueden surgir durante el proceso de creación y gestión de su negocio. Están dispuestos a invertir tiempo, recursos y esfuerzo para asegurarse de que su emprendimiento tenga éxito, y están decididos a perseguir sus metas a pesar de los obstáculos que puedan surgir en el camino.

2.6.7. Tiene una mentalidad enfocada en minimizar los riesgos que pretende aceptar en su emprendimiento.

Para un emprendedor tradicional, tener una mentalidad enfocada en minimizar los riesgos significa ser cauteloso y tener un enfoque de gestión de riesgos en su toma de decisiones empresariales. Esto puede incluir la evaluación cuidadosa de las oportunidades de negocios, la planificación detallada y la búsqueda de información y asesoramiento antes de tomar una decisión. Este enfoque puede ayudar a reducir la probabilidad de fracaso y a maximizar la seguridad de la inversión, pero también puede limitar la capacidad del emprendedor para aprovechar las oportunidades de alto potencial de crecimiento y retorno. En resumen, una mentalidad enfocada en minimizar los riesgos puede ser útil para minimizar el impacto negativo de las decisiones equivocadas, pero también puede impedir el crecimiento y el éxito a largo plazo.

2.6.8. Tiene una mentalidad perseverante y sin miedo al fracaso.

Tener una mentalidad perseverante y sin miedo al fracaso significa que un emprendedor tradicional es una persona que está dispuesta a trabajar duro y persistir a pesar de los obstáculos y desafíos que puedan surgir en el camino hacia el éxito de su emprendimiento. No temen al fracaso y están dispuestos a aprender de sus errores y seguir adelante. Este tipo de mentalidad es crucial para el éxito a largo plazo en el mundo empresarial, ya que el éxito no es un camino recto y sin obstáculos.

2.6.9. Tiene una mentalidad que no se quiebra por el fracaso de sus primeros intentos.

Significa que un emprendedor tradicional es persistente y no se deja vencer por el fracaso de sus primeros intentos. Tienen una mentalidad resiliente y están dispuestos a aprender de sus errores y a continuar trabajando duro para lograr el éxito. Este tipo de emprendedor ve el fracaso como una oportunidad para crecer y mejorar, no como una razón para abandonar sus sueños o objetivos. Además, tienen la determinación y la resolución necesarias para superar obstáculos y mantenerse enfocados en su objetivo a largo plazo.

2.6.10. Tiene una mente preparada para tomar decisiones difíciles y actuar con rapidez cuando surjan desafíos o cambios en el mercado.

Para un emprendedor tradicional, tener una mente preparada para tomar decisiones difíciles y actuar con rapidez significa que están dispuestos a evaluar cuidadosamente las situaciones y tomar decisiones informadas, incluso si estas son difíciles o inciertas. Estar preparado para actuar con rapidez también significa ser flexible y estar dispuesto a hacer cambios rápidos si es necesario, para mantenerse a la vanguardia y aprovechar oportunidades en el mercado. En resumen, una mente preparada para tomar decisiones difíciles y actuar con rapidez es esencial para el éxito a largo plazo como emprendedor tradicional.

2.6.11. Tiene una mente persistente y comprometida con el éxito de su negocio a largo plazo.

Para un emprendedor tradicional, tener una mente persistente y comprometida con el éxito a largo plazo significa estar dispuesto a trabajar duro y hacer los sacrificios necesarios para lograr su objetivo a largo plazo. Esto puede incluir invertir tiempo, esfuerzo y recursos en su negocio, así como estar dispuesto a ajustarse a los cambios en el mercado y tomar decisiones difíciles si es necesario. Una mentalidad persistente y comprometida también implica tener una visión clara y una estrategia a largo plazo para el éxito de su negocio, y no permitir que los obstáculos o el fracaso temporal lo detengan en su camino hacia el éxito a largo plazo.

2.6.12. Tiene una mentalidad enfocada en maximizar el éxito y el crecimiento de su negocio.

Para un emprendedor tradicional, tener una mentalidad enfocada en maximizar el éxito y el crecimiento de su negocio significa estar constantemente buscando oportunidades para mejorar y expandir su negocio, así como también ser consciente de las tendencias y desafíos del mercado y estar preparado para adaptarse y reaccionar rápidamente a ellos. Esto requiere una combinación de pensamiento estratégico, visión a largo plazo, resolución y dedicación. Un emprendedor tradicional con esta mentalidad busca construir un negocio sólido y duradero, mientras que al mismo tiempo toma decisiones prácticas y calculadas para asegurar su éxito a largo plazo.

2.6.13. Tiene una mentalidad alejada de la vanidad.

Para un emprendedor tradicional, tener una mentalidad alejada de la vanidad significa ser humilde y no dejarse llevar por la presunción o el orgullo excesivo. Este tipo de emprendedor se centra en los objetivos y resultados de su negocio en lugar de hacer alarde de su éxito o de su imagen pública. Se preocupa por hacer las cosas de manera efectiva y eficiente, y no por buscar la aprobación o la atención excesiva. De esta manera, puede tomar decisiones objetivas y basadas en el rendimiento de su negocio, y no en el ego o la percepción pública.

2.6.14. ¿El emprendedor tradicional tiene una mente libre, creativo y flexible entorno al ámbito empresarial?

Un emprendedor tradicional se caracteriza por ser práctico y conservador en su enfoque de negocios, por lo que su mentalidad no suele ser libre, creativa y flexible en términos de innovación y riesgo. Estos emprendedores tienden a basar sus decisiones en la experiencia, el conocimiento del mercado y la investigación de tendencias, y su objetivo principal es minimizar los riesgos y asegurarse el éxito y la estabilidad a largo plazo. A diferencia de los emprendedores innovadores o disruptivos, un emprendedor tradicional no suele buscar cambios radicales en el mercado ni arriesgarse con nuevas ideas y estrategias no probadas.

2.6.15. Tiene una mente enfocada en alcanzar un equilibrio entre el crecimiento financiero y el crecimiento personal, y lograr una satisfacción y realización personales a través de su negocio.

Para un emprendedor tradicional, tener una mente enfocada en alcanzar un equilibrio entre el crecimiento financiero y el crecimiento personal significa valorar tanto el éxito financiero de su negocio como su propio bienestar y satisfacción personal. Este tipo de emprendedor entiende que el éxito empresarial y la realización personal están interrelacionados y busca encontrar un equilibrio entre ambos. Creen que es posible lograr una satisfacción y realización personales a través de su negocio, y están comprometidos con este enfoque a largo plazo.

2.6.16. Tiene una mentalidad realista en la medida que siempre estará pendiente de las necesidades del mercado y sus clientes.

Tener una mentalidad realista significa que un emprendedor tradicional está en constante evaluación y monitoreo de las necesidades del mercado y sus clientes, y que toma decisiones y acciones en consecuencia. Este tipo de mentalidad les permite a los emprendedores tradicionales tener una comprensión clara y precisa de las demandas del mercado y de las tendencias económicas, y les permite ajustar sus estrategias y productos o servicios en consecuencia. Además, les permite mantener un enfoque en la rentabilidad y el éxito a largo plazo, sin descuidar las necesidades y expectativas de sus clientes.

2.6.17. Tiene una mente cooperativa, para trabajar en equipo y ser líder del mismo.

Para un emprendedor tradicional tener una mente cooperativa significa ser capaz de trabajar de manera efectiva con otros, para alcanzar sus metas empresariales. Esto incluye la capacidad de ser un líder eficaz y motivar a su equipo para lograr el éxito juntos. Además, esto también significa ser capaz de escuchar y valorar las opiniones y contribuciones de los demás, y trabajar juntos para encontrar soluciones a los desafíos. En resumen, tener una mente cooperativa significa ser un equipo player enfocado en el éxito a largo plazo del negocio.

2.6.18. Tiene una mente capaz de formar alianzas estratégicas, no se cierra egoístamente a ser el único dueño de su negocio, sino que puede asociarse con inversionistas externos cuando sea necesario.

Para un emprendedor tradicional, tener una mente capaz de formar alianzas estratégicas significa estar abierto a considerar colaboraciones y asociaciones con otras empresas o inversionistas externos con el fin de mejorar su negocio y alcanzar sus objetivos de crecimiento y éxito. Esto puede incluir compartir recursos, acceder a nuevos mercados o compartir el riesgo y la responsabilidad empresarial. Ser capaz de trabajar en equipo y establecer alianzas estratégicas muestra una mentalidad abierta y colaborativa, que está dispuesta a explorar nuevas oportunidades y a tomar decisiones que benefician tanto a su negocio como a sus socios.

2.6.19. Tiene una mente enfocada en la eficiencia y en la rentabilidad.

Significa que un emprendedor tradicional tiene una mentalidad que está enfocada en hacer que su negocio sea eficiente y rentable. Es decir, que busca utilizar de manera efectiva los recursos a su disposición y maximizar su retorno de inversión. Esto puede incluir la optimización de procesos internos, la identificación y aprovechamiento de oportunidades de mercado, y la toma de decisiones que ayuden a aumentar las ganancias y reducir los costos. La mentalidad enfocada en la eficiencia y la rentabilidad es fundamental para el éxito a largo plazo de cualquier negocio, y es especialmente importante para los emprendedores tradicionales.

2.7. ¿Cuáles son los típicos emprendimientos del emprendedor tradicional?

El emprendedor tradicional suele iniciar y desarrollar negocios en sectores clásicos y consolidados, como la construcción, el comercio, la industria, la agricultura, entre otros. Suelen ser empresas de tamaño mediano o pequeño, que dependen de una gestión eficiente y de una clientela fidelizada. Además, suelen enfocarse en una oferta de productos o servicios concreta y en un mercado objetivo definido. Por lo tanto, algunos ejemplos de emprendimientos típicos del emprendedor tradicional son: tiendas de comercio local, pequeñas fábricas, negocios de servicios profesionales, pequeños restaurantes, etc.

2.8. ¿Cuáles son las limitaciones de los típicos emprendimientos del emprendedor tradicional?

Las limitaciones de los típicos emprendimientos del emprendedor tradicional pueden incluir:

1. Falta de visión innovadora: A menudo, los emprendedores tradicionales se basan en modelos de negocios y estrategias que han sido probados y verdaderos en el pasado, lo que puede limitar su capacidad para innovar y diferenciarse de la competencia.

2. Falta de flexibilidad: Debido a la necesidad de maximizar la eficiencia y la rentabilidad, los emprendedores tradicionales pueden ser reacios a cambiar su enfoque o modelo de negocios, incluso cuando las condiciones del mercado lo requieran.

3. Resistencia al cambio: Los emprendedores tradicionales pueden ser renuentes a aceptar nuevos productos, tecnologías o métodos de trabajo, lo que puede limitar su capacidad para mantenerse actualizados y relevantes en un mercado en constante evolución.

4. Falta de capacidad financiera: Debido a la necesidad de mantener una estructura de costos baja y controlada, los emprendedores tradicionales pueden tener dificultades para obtener financiamiento adicional o inversionistas externos.

5. Enfoque en el corto plazo: Con el enfoque en la maximización de la rentabilidad, los emprendedores tradicionales pueden perder de vista su visión a

largo plazo y no invertir en la investigación y desarrollo de nuevos productos o servicios.

Estas limitaciones no son intrínsecas a todos los emprendimientos tradicionales, pero pueden ser comunes en algunos casos. Sin embargo, es importante tener en cuenta que los emprendedores tradicionales también pueden tener muchas fortalezas, como una sólida experiencia en el mercado y una sólida reputación, lo que puede ser valioso para su éxito a largo plazo.

2.9. ¿Cuáles son las ventajas de los típicos emprendimientos del emprendedor tradicional?

Las ventajas de los típicos emprendimientos de un emprendedor tradicional son:

1. Conocimiento y experiencia en el mercado: El emprendedor tradicional tiene una amplia experiencia en su industria y un conocimiento profundo de su mercado objetivo, lo que le permite tomar decisiones acertadas y dirigir su negocio de manera efectiva.

2. Red de contactos: El emprendedor tradicional suele tener una amplia red de contactos en su industria, lo que le permite acceder a recursos y oportunidades importantes para su negocio.

3. Mentalidad perseverante: El emprendedor tradicional suele tener una mentalidad perseverante y sin miedo al fracaso, lo que le permite perseverar en su negocio a pesar de los obstáculos que se presenten.

4. Enfoque en la eficiencia y rentabilidad: El emprendedor tradicional tiene un enfoque en la eficiencia y la rentabilidad, lo que le permite

mantener un control riguroso sobre los costos y optimizar la rentabilidad de su negocio.

5. Conocimiento financiero: El emprendedor tradicional suele tener un buen conocimiento de las finanzas y de cómo administrar su negocio de manera efectiva, lo que le permite maximizar su rentabilidad y mantener su negocio en el camino del éxito a largo plazo.

2.10. ¿Por qué preferir los emprendimientos tradicionales en lugar de los innovadores?

Hay algunas razones por las que algunas personas pueden preferir emprendimientos tradicionales en lugar de emprendimientos innovadores. Estos incluyen:

1. Mayor estabilidad: los emprendimientos tradicionales suelen tener un modelo de negocios más establecido y comprobado, lo que puede ser atractivo para algunos emprendedores que buscan un mayor grado de seguridad.

2. Menos riesgo: los emprendimientos tradicionales también suelen tener un menor riesgo que los emprendimientos innovadores, ya que tienen una comprensión más clara de su mercado y de cómo funciona su modelo de negocios.

3. Recursos disponibles: los emprendimientos tradicionales también suelen tener acceso a más recursos, como financiación y expertos en la industria, lo que puede ayudar a impulsar su éxito.

4. Mayor comprensión del mercado: los emprendedores tradicionales suelen tener una comprensión más profunda de su mercado y de

cómo su producto o servicio se ajusta a las necesidades de sus clientes.

Sin embargo, es importante señalar que cada emprendimiento es único y que cada tipo de emprendimiento tiene sus propios desafíos y oportunidades. Lo importante es encontrar el enfoque y el modelo de negocios que se ajuste a las fortalezas, habilidades y metas de cada emprendedor individual.

CAPÍTULO III

LA MENTE DEL EMPRENDEDOR INNOVADOR-DISRUPTIVO

> «*Un emprendedor es alguien que salta de un acantilado y construye un avión en el camino.*» (Reid Hoffman, citado por Grandes, 2018).

3.1. ¿A quién conocemos como un emprendedor innovador-disruptivo?

Un emprendedor innovador-disruptivo es una persona que identifica oportunidades para crear nuevos productos o servicios que desafían los métodos tradicionales y crean una nueva categoría de mercado. Estos emprendedores utilizan un enfoque novedoso y creativo para abordar los desafíos del mercado y ofrecer soluciones innovadoras que resuelven problemas o satisfacen las necesidades de los clientes de manera diferente. Algunos ejemplos de emprendedores innovadores-disruptivos son Elon Musk, Steve Jobs, Jeff Bezos, Mark Zuckerberg, etc.

3.2. ¿Cuándo hablamos de emprendedor innovador-disruptivo lo vinculamos siempre con un negocio?

No necesariamente. El término emprendedor innovador-disruptivo se refiere a personas que hacen algo de manera diferente y revolucionaria, no solo en el ámbito empresarial, sino también en otros aspectos de la vida. Por ejemplo, un emprendedor innovador-disruptivo en el mundo de la educación podría estar desarrollando una nueva forma de enseñanza que revolucione el sistema educativo existente. En general, un emprendedor innovador-disruptivo se caracteriza por tener una mentalidad abierta, creativa y valiente, y por estar dispuesto a tomar riesgos para lograr algo nuevo y mejor.

3.3. ¿Cuál es el tipo de emprendimiento que realiza el emprendedor innovador-disruptivo?

El emprendedor innovador-disruptivo suele centrarse en proyectos que buscan romper con los modelos de negocio establecidos y crear soluciones innovadoras que mejoran la vida de las personas y cambian la forma en que las cosas se hacen. Estos emprendedores tienden a centrarse en industrias en constante evolución, como la tecnología, la biotecnología, la energía, la salud, entre otros, y buscan aprovechar la tecnología para crear soluciones que resuelvan problemas importantes o mejoren significativamente los procesos actuales.

Algunos ejemplos de emprendimientos innovadores-disruptivos incluyen compañías de tecnología como Airbnb, Uber o Tesla, que han cambiado la forma en que se ofrecen servicios de alojamiento y transporte, y compañías de biotecnología como Moderna, que ha desarrollado una nueva forma de producir terapias basadas en ARN. Estos emprendedores innovadores buscan constantemente desafiar los modelos de negocio existentes y crear algo nuevo y disruptivo que tenga un impacto significativo en la sociedad.

3.4. ¿Cuáles son las características de un emprendedor innovador-disruptivo?

El éxito de un emprendedor innovador-disruptivo no depende necesariamente de tener estudios específicos, aunque ciertas habilidades y conocimientos pueden ser útiles para tener éxito en este tipo de emprendimiento. Algunas de las características que pueden ser importantes para un emprendedor innovador-disruptivo incluyen:

1. Visión y pensamiento creativo: Una capacidad para ver oportunidades en lugares donde otros no lo hacen y para pensar fuera de la caja.

2. Pasión: Una pasión fuerte y profunda por su proyecto y la determinación para llevarlo a cabo a pesar de los obstáculos.

3. Habilidades de liderazgo: La capacidad de inspirar y motivar a un equipo para trabajar hacia un objetivo común.

4. Flexibilidad: Una mentalidad flexible que permita adaptarse a los cambios y a nuevas situaciones.

5. Conocimiento del mercado: Una comprensión profunda de las necesidades y deseos de los clientes potenciales.

6. Resiliencia: La capacidad de recuperarse rápidamente de los fracasos y seguir adelante con la visión original.

7. Habilidades financieras: Una comprensión sólida de cómo manejar y maximizar los recursos financieros.

Estas son algunas de las características que pueden ser importantes para un emprendedor innovador-disruptivo, pero cada persona es única y puede tener una combinación diferente de habilidades y fortalezas.

3.5. ¿Cualquier persona puede ser un emprendedor innovador-disruptivo?

En teoría, cualquier persona puede ser un emprendedor innovador-disruptivo, independientemente de su formación académica o estudios. Sin embargo, algunas de las características que se asocian con los emprendedores innovadores-disruptivos, como la creatividad, la visión futurista y la capacidad de identificar oportunidades en mercados en cambio, pueden ser más comunes en personas con una formación interdisciplinaria o en aquellas que han tenido experiencias únicas y diversas.

Es importante tener en cuenta que ser un emprendedor innovador-disruptivo no es solo una cuestión de habilidades o características personales, sino también de ser capaz de aplicarlas y actuar sobre ellas. Por lo tanto, es fundamental tener una mentalidad proactiva y una actitud de riesgo para abrazar los desafíos y aprovechar las oportunidades.

3.6. ¿Cómo es la mente de un emprendedor innovador-disruptivo?

Un emprendedor innovador-disruptivo suele tener una mente creativa, audaz y proactiva, que está dispuesto a pensar fuera de la caja y a tomar riesgos calculados para lograr su objetivo. Estas personas son visionarias y tienen un enfoque en el futuro, están constantemente buscando nuevas soluciones a los problemas y nuevas formas de hacer las cosas. Son persistentes y comprometidos con su misión, y no se rinden ante los obstáculos. Además, suelen tener una mentalidad abierta y flexible, y están dispuestos a aprender de sus errores y a adaptarse a los cambios en el mercado. En resumen, la mente de un emprendedor innovador-disruptivo es audaz, innovadora, proactiva, apasionada y enfocada en el futuro.

3.7. Los aspectos claves de la mente de un emprendedor innovador-disruptivo.

Los aspectos claves de la mentalidad emprendedora innovadora-disruptiva son:

3.7.1. Tiene una mente visionaria e innovadora.

Tener una mente visionaria e innovadora significa que el emprendedor innovador-disruptivo es capaz de pensar en un futuro más allá de las limitaciones actuales, y de identificar oportunidades en el mercado que los demás no ven. Este tipo de emprendedor está dispuesto a arriesgarse y tomar decisiones audaces, a menudo basadas en su intuición o en su capacidad para visualizar cómo podría ser el futuro. Además, está comprometido con la innovación y con la búsqueda de soluciones creativas e impactantes a los problemas que enfrenta. De esta manera, un emprendedor innovador-disruptivo puede desafiar los modelos de negocio establecidos y crear nuevas oportunidades en el mercado.

3.7.2. Tiene una mente creativa.

Para un emprendedor innovador-disruptivo, tener una mente creativa significa ser capaz de generar ideas únicas y originales que puedan cambiar la forma en que las cosas son hechas o resolver problemas de manera diferente a las soluciones existentes. Este tipo de emprendedor piensa fuera de la caja y es capaz de identificar oportunidades y soluciones que otros no ven. La creatividad es un aspecto clave de la mentalidad de un emprendedor innovador-disruptivo y les permite desarrollar productos y servicios innovadores que pueden revolucionar un mercado o industria.

3.7.3. Tiene una mente alerta frente a una oportunidad de negocio.

Para un emprendedor innovador-disruptivo, tener una mente alerta significa estar atento y vigilante a las oportunidades de negocios que puedan surgir. Esto implica tener un enfoque en la búsqueda continua de nuevos y diferentes modelos de negocios, y estar dispuesto a explorar opciones que puedan revolucionar un determinado mercado o industria. Además, una mente alerta implica tener la habilidad de identificar problemas o necesidades insatisfechas en el mercado y convertirlas en oportunidades de negocios. En resumen, tener una mente alerta es fundamental para un emprendedor innovador-disruptivo para tener éxito en su emprendimiento.

3.7.4. Tiene una mentalidad conservadora y práctica.

Tener una mentalidad conservadora y práctica significa para un emprendedor innovador-disruptivo que, a pesar de su enfoque en la innovación y la visión, es capaz de ser realista y considerar cuidadosamente los riesgos y las implicaciones financieras de sus ideas antes de llevarlas a cabo. Esta combinación de visión y pragmatismo le permite asegurarse de que sus ideas innovadoras sean viables y sostenibles a largo plazo. De esta manera, pueden tomar decisiones informadas y minimizar los riesgos asociados con su emprendimiento innovador.

3.7.5. Tiene una mente preparada que le permita tener una comprensión profunda del mercado y de las tendencias económicas.

Para el emprendedor innovador-disruptivo, tener una mente preparada que le permita tener una comprensión profunda del mercado y de las tendencias económicas significa estar atento y estar actualizado sobre los cambios y las dinámicas que afectan a su industria y a su mercado objetivo. Esto les permite identificar oportunidades de negocios y crear soluciones innovadoras que satisfagan las necesidades cambiantes de los clientes y aprovechen las tendencias del mercado. Tener una comprensión profunda del mercado también les ayuda a tomar decisiones informadas sobre cómo llevar a cabo sus estrategias de negocios y a mitigar riesgos potenciales.

3.7.6. Tiene una mente capaz de adaptarse y con capacidad de reaccionar rápidamente a los cambios en el mercado.

Para el emprendedor innovador-disruptivo, tener una mente capaz de adaptarse y reaccionar rápidamente a los cambios en el mercado significa estar atento a las tendencias y cambios en el mercado, y ser flexible y ágil en la toma de decisiones y en la implementación de estrategias. Esto requiere una combinación de visión, habilidades analíticas, preparación y capacidad de respuesta rápida a los desafíos y oportunidades del mercado. La capacidad de adaptarse y reaccionar rápidamente es esencial para mantenerse a la vanguardia y lograr un éxito sostenible en un mercado cambiante y competitivo.

3.7.7. Tiene una visión clara de su mercado objetivo y de cómo su producto o servicio se ajusta a las necesidades y deseos de ese mercado.

Significa que el emprendedor innovador-disruptivo tiene una comprensión profunda de su público objetivo y sabe cómo su producto o servicio puede satisfacer sus necesidades y deseos. Tener esta visión clara le permite alinear sus estrategias de negocios con los intereses de su mercado objetivo, lo que puede aumentar la probabilidad de éxito de su empresa. Además, esto también puede ayudar a diferenciar su producto o servicio de los de la competencia y a asegurar que sea percibido como relevante y valioso para su público objetivo.

3.7.8. Tiene una mente decidida y no limitada por el riesgo.

Para un emprendedor innovador-disruptivo, tener una mente decidida y no limitada por el riesgo significa tener una mentalidad valiente y audaz que les permita ser más propensos a correr riesgos y a innovar, incluso si eso significa salirse de las normas y de las formas establecidas de hacer negocios. Estos emprendedores están dispuestos a tomar decisiones difíciles y a asumir el riesgo de fracasar, porque creen en su capacidad para encontrar soluciones creativas y en la oportunidad de tener éxito. Este enfoque les permite explorar nuevos mercados, crear nuevos productos o servicios y encontrar nuevas maneras de hacer negocios que podrían no ser evidentes para otros. En resumen, tener una mente decidida y no limitada por el riesgo es una de las características clave que hace que un emprendedor innovador-disruptivo sea único y exitoso.

3.7.9. Tiene una mente analizadora de los riesgos.

Para el emprendedor innovador-disruptivo, tener una mente analizadora de los riesgos significa ser capaz de evaluar cuidadosamente los riesgos potenciales que se presentan en el proceso emprendedor. Esto implica una comprensión profunda de los riesgos asociados a la industria y el mercado, así como también una capacidad de calcular los riesgos a largo plazo y las posibles consecuencias de las decisiones empresariales. El emprendedor innovador-disruptivo analiza los riesgos de manera racional y estratégica, y no se deja intimidar por ellos, sino que busca maneras de mitigarlos y tomar decisiones informadas para el éxito a largo plazo de su emprendimiento.

3.7.10. Tiene una mentalidad perseverante y sin miedo al fracaso.

Para el emprendedor innovador-disruptivo tener una mentalidad perseverante y sin miedo al fracaso significa que está dispuesto a asumir riesgos, a pesar de los obstáculos y desafíos que puedan surgir en el camino. Esto les permite ser más resolutivos y tenaces en la consecución de sus objetivos y en la búsqueda de soluciones a los problemas que surjan en su camino. Además, esta mentalidad les permite aprender de los errores y seguir adelante sin dejarse desmotivar por los fracasos. Esto es fundamental para el éxito de un emprendedor innovador-disruptivo, ya que les permite mantener su enfoque en su visión y seguir trabajando hacia ella sin desviarse de su camino.

3.7.11. Tiene una mentalidad que no se quiebra por el fracaso de sus primeros intentos.

Significa que un emprendedor innovador-disruptivo tiene una mentalidad resiliente y una perspectiva positiva ante el fracaso. Entienden que el fracaso es una parte normal del proceso de emprendimiento y no les impide continuar luchando por sus objetivos y visiones. Tienen una mentalidad perseverante y están dispuestos a seguir intentando hasta lograr el éxito, incluso después de varios fracasos. Además, aprenden de sus errores y utilizan esa información para mejorar y adaptarse a las situaciones cambiantes en el mercado.

3.7.12. Tiene una mente preparada para tomar decisiones difíciles y actuar con rapidez cuando surjan desafíos o cambios en el mercado.

Para un emprendedor innovador-disruptivo, tener una mente preparada para tomar decisiones difíciles y actuar con rapidez cuando surjan desafíos o cambios en el mercado significa ser una persona que está dispuesta a ser flexible y a tomar riesgos. Este tipo de emprendedor está dispuesto a tomar decisiones difíciles y a actuar con rapidez cuando surgen nuevos desafíos o cambios en el mercado, en lugar de esperar y ver cómo evoluciona la situación. Esto les permite aprovechar oportunidades y encontrar soluciones a los problemas más rápidamente que sus competidores, lo que puede ser clave para el éxito de su emprendimiento.

3.7.13. Tiene una mente persistente y comprometida con el éxito de su proyecto.

Para el emprendedor innovador-disruptivo, tener una mente persistente y comprometida con el éxito de su proyecto significa tener una mentalidad orientada a lograr sus metas a largo plazo y no dejarse desanimar por obstáculos o fracasos temporales. Significa ser dedicado y tenaz en el cumplimiento de sus objetivos, y estar dispuesto a invertir el tiempo, el esfuerzo y los recursos necesarios para lograrlos. También significa tener una visión clara de cómo su proyecto contribuirá al éxito y la satisfacción personal y profesional, lo que puede ser un factor motivador en momentos de dificultad.

3.7.14. Tiene una mentalidad enfocada en maximizar el éxito y el crecimiento de su negocio.

Tener una mentalidad alejada de la vanidad significa que el emprendedor innovador-disruptivo no está motivado por la búsqueda de la fama o el reconocimiento público, sino que su motivación está enfocada en el éxito de su proyecto y en la satisfacción de sus clientes. Este tipo de mentalidad permite al emprendedor mantenerse enfocado en sus objetivos a largo plazo y no desviarse por distracciones superficiales.

3.7.15. Tiene una mente libre, creativo y flexible entorno al ámbito empresarial.

Para el emprendedor innovador-disruptivo, tener una mente libre, creativa y flexible significa estar dispuesto a pensar fuera de la caja, a explorar nuevas ideas y a ser abierto a nuevas formas de hacer las cosas en el ámbito empresarial. Significa ser capaz de tomar riesgos, ser proactivo y estar dispuesto a aprender de los errores para mejorar y adaptarse a los cambios del mercado. La mentalidad libre, creativa y flexible permite al emprendedor innovador-disruptivo identificar nuevas oportunidades de negocios, ser original y ofrecer soluciones innovadoras que pueden mejorar la vida de las personas o la forma en que las empresas funcionan. Esta mentalidad es esencial para ser un emprendedor disruptivo y poder hacer un impacto positivo en el mundo empresarial.

3.7.16. Tiene una mente enfocada en alcanzar un equilibrio entre el crecimiento financiero y el crecimiento personal, y lograr una satisfacción y realización personales a través de su negocio.

Para un emprendedor innovador-disruptivo, tener una mente enfocada en alcanzar un equilibrio entre el crecimiento financiero y el crecimiento personal significa que está buscando no solo lograr el éxito financiero a través de su negocio, sino también la satisfacción y realización personales. Esto puede incluir la búsqueda de un trabajo que les permita tener una vida significativa y satisfactoria, al tiempo que alcanzan sus objetivos económicos. Esta mentalidad equilibrada y flexible permite a los emprendedores innovadores-disruptivos mantener una perspectiva más amplia sobre su vida y su negocio, y trabajar hacia un futuro más brillante y significativo para ellos mismos y para los demás.

3.7.17. Tiene una mentalidad realista en la medida que siempre estará pendiente de las necesidades del mercado y sus clientes.

Para el emprendedor innovador-disruptivo, tener una mentalidad realista significa estar siempre atento y consciente de las necesidades y demandas del mercado y sus clientes. Esto les permite mantener un enfoque en los aspectos clave de su negocio y tomar decisiones estratégicas basadas en información actualizada y verificable sobre el mercado y la competencia. Al tener una mentalidad realista, el emprendedor innovador-disruptivo puede desarrollar productos o servicios que satisfagan las necesidades de su público objetivo y ser más competitivo en el mercado. Además, esta mentalidad les permite ser flexibles y adaptarse a los cambios en el mercado, y así poder mantenerse relevante y alcanzar un éxito sostenible en el largo plazo.

3.7.18. Tiene una mente cooperativa, para trabajar en equipo y ser líder del mismo.

Para un emprendedor innovador-disruptivo, tener una mente cooperativa significa ser capaz de trabajar efectivamente con otras personas para alcanzar un objetivo común. Esto incluye la capacidad de comunicarse efectivamente, escuchar las ideas y opiniones de los demás, y trabajar juntos hacia una solución. Una mentalidad cooperativa también es importante para ser un líder efectivo y motivar a un equipo para lograr el éxito del negocio. Al trabajar en equipo, se pueden compartir ideas, talentos y recursos, lo que puede llevar a una mayor eficiencia y un crecimiento más rápido del negocio.

3.7.19. Tiene una mente capaz de formar alianzas estratégicas.

Para el emprendedor innovador-disruptivo, tener una mente capaz de formar alianzas estratégicas significa tener la habilidad de identificar y establecer acuerdos o colaboraciones con otras empresas o individuos que puedan complementar sus fortalezas y ayudar en el crecimiento y éxito de su proyecto. Estas alianzas pueden incluir asociaciones de marketing, compartición de recursos, co-desarrollo de productos, entre otros. Una mentalidad proactiva y flexible en la formación de alianzas puede ser crucial para el éxito de un negocio disruptivo en un mercado cambiante y competitivo.

3.7.20. Tiene una mente enfocada en la eficiencia y en la rentabilidad.

Para un emprendedor innovador-disruptivo, tener una mente enfocada en la eficiencia y en la rentabilidad significa ser consciente de los costos y gastos asociados con el negocio, y estar constantemente buscando maneras de optimizar los procesos y aumentar la productividad para lograr un mayor retorno de inversión. Además, significa tener una visión clara de las metas financieras y estar dispuesto a tomar medidas decisivas para alcanzarlas, mientras mantiene un equilibrio entre el crecimiento y la sostenibilidad a largo plazo del negocio.

3.7.21. Tiene una mente enfocada en pensar fuera de la caja y una mente que se centra en el futuro.

Para un emprendedor innovador-disruptivo, tener una mente enfocada en pensar fuera de la caja significa tener una perspectiva creativa y no convencional sobre los problemas y oportunidades en el mercado. Este tipo de mentalidad les permite a los emprendedores ver soluciones donde otros pueden no verlas y buscar nuevas formas de abordar los desafíos y sacar provecho de las oportunidades.

Además, una mente centrada en el futuro significa que el emprendedor innovador-disruptivo está en constante búsqueda de nuevas ideas y tendencias para llevar su negocio a un nivel superior. Esto les permite estar a la vanguardia de su mercado y preparados para responder rápidamente a los cambios y desafíos futuros. En resumen, tener una mente enfocada en pensar fuera de la caja y en el futuro es una de las características más importantes de un emprendedor innovador-disruptivo y les permite ser líderes en su industria y crear soluciones y productos únicos y efectivos.

3.7. ¿Cuáles son los típicos emprendimientos del emprendedor innovador-disruptivo?

El emprendedor innovador-disruptivo puede estar involucrado en una amplia gama de emprendimientos, desde startups tecnológicas hasta negocios que ofrecen productos o servicios totalmente nuevos y revolucionarios.

Algunos ejemplos de emprendimientos típicos de este tipo de emprendedor incluyen:

1. Aplicaciones móviles y tecnologías en la nube.
2. Negocios de e-commerce y tiendas en línea.
3. Productos y servicios de consumo inteligente y conectados.
4. Soluciones de energía renovable y sostenibles.
5. Robotics y automatización de procesos industriales.
6. Negocios de salud y bienestar, como productos naturales y terapias alternativas.
7. Productos y servicios de transporte y movilidad, como vehículos eléctricos y servicios de compartición de bicicletas.
8. Nuevas tecnologías financieras, como plataformas de inversión en línea y criptomonedas.

Estos son solo algunos ejemplos de los tipos de emprendimientos que podría abordar un emprendedor innovador-disruptivo. La clave es que estos emprendimientos buscan romper con los modelos tradicionales y ofrecer soluciones más eficientes, sostenibles y asequibles para resolver problemas y satisfacer las necesidades del mercado.

3.8. ¿Cuáles son las limitaciones de los típicos emprendimientos del emprendedor innovador-disruptivo?

Los emprendedores innovadores y disruptivos a menudo enfrentan varios desafíos y limitaciones. Algunos de ellos son los siguientes:

1. Recursos financieros limitados: Estos emprendedores a menudo tienen dificultades para obtener financiación, ya que los inversores pueden ser reacios a invertir en una idea innovadora y no probada.
2. Competencia desleal: Estos emprendedores a menudo enfrentan la competencia desleal de las empresas establecidas, que pueden copiar o imitar sus ideas y productos.
3. Cambios en el mercado: El mercado puede cambiar rápidamente, lo que puede dificultar que un producto o servicio innovador siga siendo relevante y atractivo para los consumidores.
4. Dificultad para encontrar y retener a los empleados adecuados: Estos emprendedores a menudo tienen dificultades para encontrar y retener a los empleados con las habilidades y conocimientos necesarios para impulsar su negocio hacia adelante.
5. Desafíos regulatorios y legales: Los emprendedores innovadores y disruptivos pueden enfrentar desafíos reguladores y legales, como requisitos de patentes y derechos de autor, que pueden dificultar su capacidad para comercializar y proteger su producto o servicio.

Estas son solo algunas de las limitaciones que enfrentan los emprendedores innovadores y disruptivos, y cada situación es única. Sin embargo, con perseverancia, flexibilidad y una mentalidad positiva, estos emprendedores pueden superar estos obstáculos y alcanzar el éxito.

3.9. ¿Cuáles son las ventajas de los típicos emprendimientos del emprendedor innovador-disruptivo?

Los típicos emprendimientos del emprendedor innovador-disruptivo tienen muchas ventajas, aquí hay algunas:

1. Creatividad e innovación: Los emprendedores innovadores suelen tener un enfoque en la creación de soluciones únicas y disruptivas para problemas o oportunidades del mercado.

2. Flexibilidad y agilidad: Debido a su mentalidad no convencional, los emprendedores innovadores suelen ser más flexibles y ágiles en la toma de decisiones y en la implementación de cambios en su negocio.

3. Potencial de impacto significativo: Al ser disruptivos, los emprendedores innovadores tienen la capacidad de cambiar la forma en que las cosas se hacen en un determinado mercado, lo que puede tener un impacto significativo en la industria.

4. Mayor motivación y satisfacción personal: Muchos emprendedores innovadores están motivados por la posibilidad de crear un impacto positivo y hacer una diferencia en el mundo, lo que puede llevar a una mayor satisfacción personal.

5. Mayor capacidad para atraer inversionistas: La innovación y el potencial de impacto significativo pueden atraer a inversionistas interesados en

apoyar a los emprendimientos con un alto potencial de crecimiento.

6. Mayor capacidad para adaptarse a los cambios en el mercado: Al ser una mente abierta y flexible, los emprendedores innovadores suelen ser mejores en la identificación y respuesta a los cambios en el mercado.

Es importante destacar que, como en cualquier otro tipo de emprendimiento, también existen desafíos y riesgos asociados a los emprendimientos innovadores y disruptivos, incluyendo la incertidumbre en el mercado, la falta de experiencia y recursos, y la posibilidad de fracasar. Por lo tanto, es importante considerar cuidadosamente todas las implicaciones antes de embarcarse en un emprendimiento innovador y disruptivo.

3.10. ¿Por qué preferir los emprendimientos innovadores en lugar de los tradicionales?

Las razones por las cuales muchas personas prefieren los emprendimientos innovadores en lugar de los tradicionales incluyen:

1. Ofrecen soluciones novedosas y únicas a problemas y necesidades del mercado, lo que puede generar una gran demanda y una ventaja competitiva en el mercado.

2. Potencial de crecimiento y rentabilidad más alto en comparación con los emprendimientos tradicionales, ya que se están abriendo nuevos mercados y oportunidades.

3. Permiten a los emprendedores ser más creativos e innovadores en la forma en que resuelven problemas y entregan valor a sus clientes.

4. Ayudan a impulsar la economía al aportar soluciones nuevas y mejores a los desafíos actuales.

5. Ofrecen la oportunidad de generar un impacto positivo en la sociedad a través de la innovación.

Sin embargo, también es importante tener en cuenta que los emprendimientos innovadores también tienen desafíos únicos, como la incertidumbre y el riesgo asociado con el desarrollo de nuevas soluciones, y puede ser más difícil conseguir financiamiento y apoyo. Por lo tanto, es importante evaluar cuidadosamente las ventajas y desventajas antes de elegir el tipo de emprendimiento en el que se quiere invertir.

CAPÍTULO IV

LA MENTE DEL INVERSIONISTA EMPRENDEDOR

«Trabaja a muerte. O sea, se trata de pasar de 80 a 100 horas a la semana, durante todas las semanas. [Esto] aumentará tus probabilidades de éxito. Si otros emplean 40 horas laborales a la semana y tú inviertes 100 horas semanales, lo que ocurrirá será que, aun haciendo lo mismo, lograrás en 4 meses lo que a ellos les lleva un año conseguir.» (Elon Musk, citado por Pyme, 2022).

«Nunca me tomé un día libre en mis veinte años. Ni uno solo.» (Bill Gates, citado por Calle, 2015).

«Si hay algo que te apasiona y trabajas duro, yo creo que acabarás teniendo éxito.» (Pierre Omidyar, citado por Mina, 2019).

4.1. ¿A quién conocemos como un inversionista emprendedor?

Un inversionista emprendedor es una persona que invierte dinero, tiempo y recursos en nuevos proyectos empresariales con el objetivo de obtener un retorno financiero. Estos inversionistas suelen buscar oportunidades en empresas en etapa temprana o startups con un gran potencial de crecimiento.

Además de la rentabilidad financiera, un inversionista emprendedor puede aportar valor agregado a la empresa en la que invierte, a través de su experiencia y conocimiento en el mercado, su red de contactos y su capacidad para ayudar a resolver problemas y tomar decisiones estratégicas. Algunos ejemplos de inversionistas emprendedores conocidos incluyen a Peter Thiel, Richard Branson y Elon Musk.

Sobre estos ejemplos, seguro nos preguntamos ¿Por qué Elonk Musk es considerado un inversionista emprendedor? Elon Musk es considerado un inversionista emprendedor porque ha co-fundado y dirigido varias compañías exitosas y ha invertido en muchas otras; vale decir, no sólo coloca su inversión sino que también participa activamente dirigiendo los proyectos donde ha invertido. Algunos de sus emprendimientos más conocidos incluyen Tesla, Inc., SpaceX, Neuralink y The Boring Company.

4.2. ¿Qué diferencia hay entre un inversionista emprendedor de un inversionista?

Un inversionista emprendedor es un individuo o un grupo que invierte en nuevos negocios o proyectos con el objetivo de obtener un retorno financiero y, a menudo, también tiene un papel activo en la gestión y el crecimiento de la empresa. Por lo tanto, además de ser un inversionista, también son emprendedores.

Por otro lado, un inversionista es alguien que invierte dinero en una empresa ya establecida o en un fondo de inversión con el objetivo de obtener un retorno financiero a largo plazo. Los inversionistas suelen ser individuos o instituciones con un alto poder adquisitivo y tienen un papel más pasivo en la gestión de la empresa o el proyecto en el que invierten.

En resumen, la principal diferencia entre un inversionista emprendedor y un inversionista es que el primero tiene un papel activo en la gestión y el crecimiento de la empresa, mientras que el segundo tiene un papel más pasivo y se enfoca principalmente en obtener un retorno financiero.

4.3. ¿Cuándo hablamos de inversionista emprendedor lo vinculamos siempre con un negocio?

Sí, el término inversionista emprendedor se refiere a alguien que invierte en un negocio o proyecto empresarial con el objetivo de obtener una rentabilidad. Este tipo de inversión suele implicar un mayor riesgo, pero también la posibilidad de una mayor rentabilidad en comparación con las inversiones tradicionales. Por lo general, los inversionistas emprendedores buscan oportunidades de negocios innovadores y de alto potencial de crecimiento, y están dispuestos a asumir un papel activo en el desarrollo y gestión del negocio.

4.4. ¿Cuál es el tipo de emprendimiento que realiza el inversionista emprendedor?

El inversionista emprendedor suele buscar proyectos innovadores y de alto potencial de crecimiento, en donde pueda aplicar su experiencia y habilidades para ayudar a los emprendedores a llevar su idea a un nivel más alto. Estos proyectos pueden ser en diferentes industrias, tales como tecnología, biotecnología, servicios financieros, entre otros.

El inversionista emprendedor a menudo se centra en el largo plazo y en el desarrollo sostenible del emprendimiento, trabajando en estrecha colaboración con el equipo emprendedor y aportando su conocimiento y habilidades para ayudar a mejorar y escalar el negocio.

4.5. ¿Por qué el inversionista emprendedor suele enfocarse en empresas de edad temprana y en startups?

El inversionista emprendedor suele enfocarse en empresas de edad temprana y en startups porque ofrecen un potencial de crecimiento y rentabilidad significativamente mayor que las empresas ya establecidas. Estas empresas jóvenes a menudo tienen un potencial de crecimiento enorme y, si tienen éxito, pueden proporcionar retornos financieros significativos a sus inversionistas.

Además, el inversionista emprendedor también puede tener un papel activo en la gestión y el crecimiento de la empresa, lo que le permite influir en su dirección y aumentar sus oportunidades de éxito. Esto les da un control y una visibilidad más cercana sobre la empresa y puede ayudarles a maximizar sus retornos financieros.

Otro factor importante es que las empresas de edad temprana y las startups a menudo tienen necesidades financieras muy elevadas en sus primeros años y pueden tener dificultades para acceder a financiamiento tradicional, como préstamos bancarios o inversiones institucionales. Esto las hace más dependientes de inversionistas individuales y de capital de riesgo, que pueden ser más propensos a apoyar a los emprendedores con ideas innovadoras y un enfoque ambicioso.

En resumen, el inversionista emprendedor suele enfocarse en empresas de edad temprana y en startups debido a su potencial de crecimiento y rentabilidad, así como a su capacidad para tener un papel activo en su dirección y gestión.

4.6. ¿Cuáles son las características de un inversionista emprendedor?

Las características de un inversionista emprendedor pueden incluir:

1. Visión de futuro: Una capacidad para prever tendencias y oportunidades en el mercado.

2. Espíritu innovador: Una tendencia a buscar soluciones innovadoras a problemas y desafíos.

3. Riesgo calculado: Una habilidad para evaluar los riesgos y tomar decisiones informadas con respecto a las inversiones.

4. Mentalidad de crecimiento: Un enfoque en el crecimiento y la expansión constante.

5. Flexibilidad: Una mentalidad abierta y flexible para adaptarse a los cambios en el mercado.

6. Orientación a resultados: Una motivación para alcanzar resultados tangibles y medibles.

7. Conocimiento del mercado: Una comprensión profunda del mercado en el que se está invirtiendo, incluidas las tendencias, los competidores y los clientes.

8. Red de contactos: Una amplia red de contactos y relaciones que pueden ayudar a impulsar el éxito de la inversión.

9. Liderazgo: Una capacidad para liderar equipos y motivarlos a alcanzar objetivos comunes.

10. Persistencia: Una mentalidad perseverante y comprometida con el éxito a largo plazo.

4.7. ¿Cualquier persona puede ser un inversionista emprendedor?

En teoría, cualquier persona puede ser un inversionista emprendedor si cuenta con los recursos financieros y la mentalidad adecuadas para invertir en un negocio y asumir el riesgo asociado a ello. Sin embargo, ser un inversionista emprendedor exitoso requiere una combinación de habilidades, conocimientos y experiencia, por lo que no todas las personas están equipadas para serlo. Algunas de las características que se suelen asociar con los inversionistas emprendedores incluyen una mentalidad emprendedora, una capacidad para identificar oportunidades de negocio atractivas, una comprensión profunda del mercado y la industria en la que están invirtiendo, y una habilidad para tomar decisiones de inversión informadas.

4.8. ¿Cómo es la mente de un inversionista emprendedor?

La mente de un inversionista emprendedor suele ser una mente analítica, astuta, y con una mentalidad de riesgo-recompensa. Les gusta evaluar los riesgos y oportunidades de un negocio antes de tomar una decisión de inversión. Están siempre buscando inversiones con un potencial de crecimiento significativo y a menudo tienen una gran confianza en su capacidad para tomar decisiones astutas y efectuar una buena gestión de su cartera de inversiones. Además, suelen ser personas con una mentalidad proactiva, y están dispuestos a trabajar duro para alcanzar sus objetivos financieros. Por último, también suelen ser personas que valoran el aprendizaje y la formación continua, y están dispuestos a invertir tanto en su propio desarrollo personal como en el de su cartera de inversiones.

4.9. Los aspectos claves de la mente de un inversionista emprendedor.

Los aspectos claves de la mentalidad del inversionista emprendedor son:

4.9.1. Tiene una mente visionaria e innovadora.

Para un inversionista emprendedor, tener una mente visionaria e innovadora significa tener la capacidad de visualizar y predecir tendencias futuras en el mercado, identificar oportunidades únicas y tener la habilidad de convertirlas en proyectos rentables. Esta mentalidad les permite ser proactivos y estar un paso adelante de la competencia, lo que les da una ventaja en la identificación y aprovechamiento de oportunidades de inversión. Además, la capacidad de pensar de manera innovadora les permite desarrollar soluciones creativas a los desafíos y aprovechar nuevas tecnologías para crear productos y servicios que satisfagan las necesidades del mercado.

4.9.2. Tiene una mente creativa.

Tener una mente creativa significa que el inversionista emprendedor es capaz de pensar fuera de los límites convencionales y de encontrar soluciones innovadoras y originales a los desafíos que se presentan. Este tipo de mente es propensa a la experimentación y a la exploración de nuevas ideas y oportunidades de inversión, lo que puede ayudarlo a identificar y aprovechar oportunidades que otros inversionistas pueden pasar por alto. Una mente creativa también puede ser útil en la resolución de problemas y en la toma de decisiones estratégicas que pueden tener un impacto significativo en el éxito del negocio o proyecto.

4.9.3. Tiene una mente alerta frente a una oportunidad de negocio.

Para el inversionista emprendedor, tener una mente alerta frente a una oportunidad de negocio significa estar siempre atento y dispuesto a identificar posibles oportunidades de inversión, ya sea en un nuevo proyecto, producto o servicio. Esto implica estar en constante búsqueda de tendencias y cambios en el mercado, así como tener una capacidad de análisis riguroso para evaluar la viabilidad y potencial de retorno de cada oportunidad. De esta manera, el inversionista emprendedor puede aprovechar su creatividad y capacidad de análisis para tomar decisiones informadas y maximizar sus inversiones.

4.9.4. Tiene una mentalidad conservadora y práctica.

Tener una mentalidad práctica significa para el inversionista emprendedor ser capaz de evaluar los riesgos y las oportunidades de negocio de manera objetiva y racional, basándose en datos y hechos concretos en lugar de suposiciones o intuiciones. Además, estar en busca de soluciones efectivas y eficientes a los desafíos que surgen en el camino, y ser capaz de tomar decisiones rápidas y efectivas en función de los resultados.

4.9.5. Tiene una mente preparada que le permita tener una comprensión profunda del mercado y de las tendencias económicas.

Tener una mente preparada y con comprensión profunda del mercado y de las tendencias económicas significa que el inversionista emprendedor está informado y consciente de las condiciones actuales y futuras del mercado en el que está invirtiendo. Esto les permite tomar decisiones de inversión informadas y estratégicas, y les ayuda a identificar oportunidades de negocio potenciales y a evitar riesgos innecesarios. Tener una comprensión profunda del mercado también les permite adaptarse rápidamente a los cambios y aprovechar las tendencias y oportunidades para maximizar sus ganancias.

4.9.6. Tiene una mente capaz de adaptarse y con capacidad de reaccionar rápidamente a los cambios en el mercado.

Para el inversionista emprendedor, tener una mente capaz de adaptarse y con capacidad de reaccionar rápidamente a los cambios en el mercado significa estar siempre alerta y dispuesto a cambiar de rumbo si es necesario, para aprovechar las nuevas oportunidades que surgen y mantenerse a la vanguardia del mercado. Este tipo de mentalidad requiere flexibilidad, habilidad para analizar la información y tomar decisiones rápidas, así como también una buena comprensión de las dinámicas del mercado y la capacidad de identificar nuevas tendencias económicas. Todo esto ayuda al inversionista emprendedor a estar preparado y a tomar ventaja de las oportunidades de negocio que surgen.

4.9.7. Tiene una visión clara de su mercado objetivo y de cómo su inversión tendrá éxito.

Significa que el inversionista emprendedor tiene un conocimiento profundo y claro del mercado y del público objetivo al que va dirigido su inversión. Esto les permite identificar las necesidades y tendencias del mercado y desarrollar una estrategia clara y efectiva para lograr el éxito de su inversión. Tener una visión clara del mercado objetivo les permite tomar decisiones informadas y estratégicas, y maximizar sus oportunidades de éxito a largo plazo.

4.9.8. Tiene una mente decidida y no limitada por el riesgo.

Significa que el inversionista emprendedor está dispuesto a correr riesgos calculados y tomar decisiones valientes para lograr sus objetivos de inversión. No se deja intimidar por el potencial de fracaso o incertidumbre, sino que mantiene una mentalidad positiva y optimista acerca de su capacidad para aprovechar oportunidades y lograr un éxito financiero a largo plazo. Tiene una mentalidad abierta y no está limitado por las creencias o percepciones tradicionales acerca del riesgo y la inversión, lo que le permite considerar diferentes opciones y tomar decisiones informadas.

4.9.9. Tiene una mente calculadora de los riesgos.

Para el inversionista emprendedor, tener una mente calculadora de los riesgos significa tener la capacidad de evaluar cuidadosamente los riesgos y las oportunidades potenciales asociados con una inversión. Esto requiere una combinación de habilidades analíticas y una comprensión profunda de los mercados y las tendencias económicas. El inversionista emprendedor debe ser capaz de evaluar el potencial de retorno de una inversión y considerar cuidadosamente los riesgos asociados antes de tomar una decisión sobre si realizar la inversión o no. En resumen, tener una mente calculadora de los riesgos significa ser capaz de tomar decisiones informadas y bien pensadas sobre las inversiones.

4.9.10. Tiene una mente adaptado al aprendizaje continuo.

Para el inversionista emprendedor, tener una mente adaptada al aprendizaje continuo significa estar abierto y dispuesto a aprender y mejorar constantemente, a través de la experiencia y la obtención de nuevos conocimientos y habilidades. Esto les permite mantenerse actualizados sobre los cambios en el mercado y en la industria, y les da una ventaja competitiva en su toma de decisiones de inversión. Además, les permite ser más flexibles y eficientes en la ejecución de sus estrategias de inversión. En resumen, tener una mente adaptada al aprendizaje continuo es clave para el éxito del inversionista emprendedor.

4.9.11. Tiene una mentalidad perseverante y sin miedo al fracaso.

Significa que el inversionista emprendedor está dispuesto a trabajar duro y mantenerse enfocado en sus objetivos a pesar de los obstáculos y posibles fracasos en el camino. No teme al fracaso, ya que entiende que es una parte natural del proceso de aprendizaje y crecimiento, y que puede ser una oportunidad para mejorar y hacer las cosas de manera diferente la próxima vez. Tener una mentalidad perseverante también significa ser resuelto y tener una determinación inquebrantable para alcanzar el éxito a largo plazo.

4.9.12. Tiene una mentalidad que no se quiebra por el fracaso de sus primeros intentos.

Para un inversionista emprendedor, tener una mentalidad que no se quiebra por el fracaso de sus primeros intentos significa tener una mentalidad resiliente y optimista, una mentalidad que no se rinde ante el primer obstáculo o el primer fracaso, sino que mantiene su enfoque en el éxito a largo plazo. Esto también implica tener una actitud de aprendizaje y crecimiento, en la que el inversionista emprendedor ve los fracasos como oportunidades para mejorar y crecer en lugar de como motivos para abandonar. La perseverancia y la tenacidad son características clave para el éxito en cualquier emprendimiento, y el inversionista emprendedor debe tener una mentalidad que refleje esto.

4.9.13. Tiene una mente preparada para tomar decisiones difíciles y actuar con rapidez cuando surjan desafíos o cambios en el mercado.

Para el inversionista emprendedor, tener una mente preparada para tomar decisiones difíciles y actuar con rapidez cuando surjan desafíos o cambios en el mercado significa que está dispuesto a ser flexible y a tomar acción inmediata en situaciones inciertas o desafiantes. Este tipo de mentalidad requiere una combinación de confianza en sus habilidades, una comprensión profunda del mercado y una visión clara de cómo su inversión puede tener éxito a pesar de los obstáculos. La habilidad de adaptarse y reaccionar rápidamente a los cambios en el mercado es crucial para el éxito de cualquier inversionista emprendedor.

4.9.14. Tiene una mente persistente y comprometida con el éxito de su proyecto.

Para un inversionista emprendedor, tener una mente persistente y comprometida con el éxito de su proyecto significa tener una determinación fuerte y constante de lograr sus objetivos a largo plazo, incluso si enfrenta obstáculos o desafíos en el camino. Esto requiere tener una mentalidad resuelta y una dedicación a su proyecto que no se debilite con el tiempo. Un inversionista emprendedor con esta mentalidad trabaja arduamente para alcanzar sus metas y está comprometido a hacer todo lo necesario para asegurarse de que su proyecto tenga éxito a largo plazo.

4.9.15. Tiene una mentalidad enfocada en maximizar el éxito y el crecimiento de su negocio.

Para un inversionista emprendedor, tener una mentalidad enfocada en maximizar el éxito y el crecimiento de su negocio significa que están siempre buscando maneras de mejorar y expandir sus emprendimientos. Esto incluye identificar nuevas oportunidades de mercado, evaluar las fortalezas y debilidades de su negocio, y tomar decisiones estratégicas basadas en su análisis.

También significa que están dispuestos a invertir tiempo, esfuerzo y recursos en su negocio para lograr su éxito a largo plazo. En resumen, tener una mentalidad enfocada en maximizar el éxito y el crecimiento de su negocio es una parte importante de la forma en que los inversionistas emprendedores abordan su trabajo y alcanzan su éxito.

4.9.16. Tiene una mente libre, creativo y flexible entorno al ámbito empresarial.

Significa que el inversionista emprendedor tiene una mentalidad abierta y dispuesta a explorar nuevas ideas y oportunidades de negocio, sin estar limitado por los enfoques convencionales o establecidos. También significa que está dispuesto a ser flexible en su enfoque y a adaptarse a los cambios en el mercado y en el entorno empresarial. Ser creativo y tener una mentalidad libre permite al inversionista emprendedor ver oportunidades que otros pueden no ver y tomar decisiones innovadoras que pueden dar lugar a un negocio exitoso.

4.9.17. Tiene una mente enfocada en alcanzar un equilibrio entre el crecimiento financiero y el crecimiento personal, y lograr una satisfacción y realización personales a través de su negocio.

Significa que el inversionista emprendedor tiene una mentalidad enfocada en buscar el éxito tanto en términos financieros como personales. Reconoce que su éxito en el negocio no solo depende de los resultados financieros, sino también de su satisfacción y realización personal. Por lo tanto, busca encontrar un equilibrio entre ambos aspectos y trabaja en conseguirlo a través de su emprendimiento. Esta mentalidad le permite mantener un enfoque amplio y holístico en su negocio y en su vida personal, lo que le ayuda a tomar decisiones informadas y a alcanzar un éxito sostenible y duradero.

4.9.18. Tiene una mente cooperativa, para trabajar en equipo y ser líder del mismo.

Significa que un inversionista emprendedor tiene una habilidad para trabajar en colaboración con otras personas y liderar un equipo de manera efectiva. Esto puede ser esencial para lograr un éxito sostenible en el negocio, ya que un equipo unido y coordinado puede lograr más que un individuo trabajando por su cuenta. Un inversionista emprendedor con una mente cooperativa sabe escuchar y valorar las opiniones de los demás, y trabajar juntos hacia un objetivo común. Además, esta mentalidad les permite crear una cultura positiva en el equipo, motivar a los miembros y mantener un ambiente de trabajo saludable y productivo.

4.9.19. Tiene una mente capaz de formar alianzas estratégicas.

Para el inversionista emprendedor tener una mente capaz de formar alianzas estratégicas significa ser capaz de identificar las oportunidades de colaboración y desarrollar relaciones mutuamente beneficartables con otras empresas, inversionistas o individuos que puedan ser útiles para el crecimiento y éxito de su negocio. Esto puede incluir alianzas de marketing, compartición de recursos o colaboración en investigación y desarrollo. Un inversionista emprendedor con una mente capaz de formar alianzas estratégicas es capaz de ver más allá de las fronteras de su propia empresa y trabajar en colaboración con otros para alcanzar objetivos comunes.

4.9.20. Tiene una mente enfocada en la eficiencia y en la rentabilidad.

Para el inversionista emprendedor, tener una mente enfocada en la eficiencia y en la rentabilidad significa que está siempre buscando maneras de mejorar la productividad y aumentar los ingresos, mientras mantiene los costos bajos. Esta mentalidad permite al inversionista emprendedor tomar decisiones informadas y estratégicas para maximizar la rentabilidad de su negocio y alcanzar sus objetivos financieros. Además, también significa que el inversionista emprendedor está dispuesto a trabajar duro y ser astuto para asegurarse de que su negocio sea lo más eficiente posible, y está comprometido con la sostenibilidad a largo plazo del mismo.

4.9.21. ¿El inversionista emprendedor tiene una mente enfocada en pensar fuera de la caja y una mente que se centra en el futuro?

Es común que el inversionista emprendedor tenga una mente enfocada en pensar fuera de la caja y tenga una visión a futuro. Una mentalidad así puede permitirle identificar oportunidades únicas de negocio y tomar decisiones estratégicas que puedan tener un impacto positivo en su éxito a largo plazo.

Sin embargo, es importante tener en cuenta que cada persona es única y que no todos los inversionistas emprendedores tendrán exactamente la misma mentalidad. Algunos pueden ser más conservadores y prefieren un enfoque más tradicional, mientras que otros pueden ser más innovadores y dispuestos a arriesgar más para lograr un mayor éxito.

4.10. ¿Cuáles son los típicos emprendimientos del inversionista emprendedor?

El inversionista emprendedor es un tipo de empresario que invierte en una variedad de proyectos empresariales con el objetivo de generar ganancias financieras. Esto significa que el inversionista emprendedor puede invertir en una amplia gama de emprendimientos, incluyendo:

1. Startups: El inversionista emprendedor puede invertir en startups innovadoras con un gran potencial de crecimiento.

2. Pequeñas empresas: El inversionista emprendedor puede invertir en pequeñas empresas con un buen modelo de negocio, pero que necesitan financiamiento para crecer.

3. Negocios en línea: El inversionista emprendedor puede invertir en negocios en línea, como tiendas electrónicas o plataformas de comercio electrónico, que ofrecen una amplia oportunidad de crecimiento.

4. Propiedades inmobiliarias: El inversionista emprendedor puede invertir en propiedades inmobiliarias, como edificios comerciales, viviendas o terrenos, con el objetivo de generar ingresos por alquiler o reventa.

5. Negocios enfocados en un mercado específico: El inversionista emprendedor puede invertir en negocios que se centran en un mercado específico, como la tecnología, la salud o el medio ambiente, con el objetivo de capitalizar las tendencias actuales y futuras.

En resumen, el inversionista emprendedor puede invertir en una amplia variedad de emprendimientos que ofrecen un potencial de crecimiento y rentabilidad. Es importante que el inversionista emprendedor evalúe cuidadosamente las oportunidades de inversión antes de tomar una decisión y asuma un enfoque analítico y calculado para minimizar el riesgo y maximizar las ganancias.

4.11. ¿Cuáles son las limitaciones de los típicos emprendimientos del inversionista emprendedor?

Algunas de las limitaciones que pueden enfrentar los típicos emprendimientos del inversionista emprendedor incluyen:

1. Falta de experiencia: A menudo, los inversionistas emprendedores no tienen experiencia en la gestión de un negocio y pueden cometer errores costosos.

2. Falta de recursos: Pueden ser limitados en términos de recursos financieros, humanos y tecnológicos para llevar a cabo sus proyectos.

3. Competencia: El mercado puede estar saturado con competidores más grandes y mejor establecidos, lo que puede hacer que sea difícil para el emprendimiento tener éxito.

4. Riesgo financiero: Hay un riesgo financiero significativo en cualquier inversión, incluyendo los emprendimientos.

5. Cambios en el mercado: El mercado puede cambiar rápidamente y los emprendimientos pueden no estar preparados para adaptarse a los cambios.

6. Dificultades para atraer y retener talentos: Puede ser difícil para los inversionistas emprendedores atraer y retener a los mejores talentos, lo que

puede afectar el crecimiento y el éxito de su emprendimiento.

7. Falta de experiencia en marketing: Puede ser difícil para los inversionistas emprendedores promocionar efectivamente sus productos o servicios y atraer clientes.

Estas son solo algunas de las limitaciones que los inversionistas emprendedores pueden enfrentar, pero con una mentalidad decidida y una estrategia sólida, pueden superarlas y lograr el éxito.

4.12. ¿Cuáles son las ventajas de los típicos emprendimientos del inversionista emprendedor?

El inversionista emprendedor tiene ventajas como:

1. Control sobre el negocio: Al ser un inversor y propietario, tienen el control total sobre la dirección y las decisiones estratégicas del negocio.

2. Potencial de ingresos: Al invertir en un negocio que creen que tiene potencial de crecimiento y éxito, pueden obtener una mayor rentabilidad que la que podrían conseguir con inversiones tradicionales.

3. Experiencia: Al participar activamente en el negocio, pueden adquirir experiencia valiosa en la gestión de una empresa y en el mundo de los negocios en general.

4. Flexibilidad: Pueden elegir el tipo de negocio en el que quieren invertir y tienen la capacidad de adaptarse a los cambios en el mercado.

5. Satisfacción personal: Al ser dueños de un negocio, pueden sentir una mayor satisfacción y realización personal que con otras formas de inversión.

6. Potencial de crecimiento: Al invertir en un negocio con potencial de crecimiento, tienen la oportunidad de obtener un retorno significativo de su inversión.

CAPÍTULO V

LA MENTE DEL EMPRENDEDOR QUE VA RUMBO AL FRACASO

> *«Si tú no trabajas por tus sueños, alguien te contratará para que trabajes por los suyos.»*
> (Steve Jobs, citado por Alvarado, 2021).

5.1. ¿A quién conocemos como un emprendedor que va rumbo al fracaso?

Un emprendedor que va rumbo al fracaso es aquel que no ha tomado las medidas necesarias para asegurarse el éxito de su emprendimiento. Esto puede ser debido a una serie de factores, como falta de planificación adecuada, poca investigación de mercado, falta de recursos financieros, falta de habilidades gerenciales, falta de motivación y dedicación, y la toma de decisiones poco reflexivas. Es importante que los emprendedores eviten estos errores y se esfuercen por tener un enfoque claro y una planificación cuidadosa para tener una mayor probabilidad de éxito en sus emprendimientos.

5.2. ¿Qué diferencia al emprendedor que va rumbo al fracaso de los otros tipos de emprendedores estudiados?

Un emprendedor que va rumbo al fracaso se distingue por su falta de visión clara y su falta de planificación y preparación adecuadas. Puede ser impulsivo y tomar decisiones basadas en emociones o suposiciones en lugar de datos y análisis rigurosos. También puede faltar la capacidad de adaptarse a los cambios del mercado y a los desafíos que surgen en el camino. Además, puede ser reacio a rodearse de un equipo de apoyo o a buscar asesoramiento de expertos, lo que puede limitar su capacidad de tomar decisiones informadas y aumentar el riesgo de fracaso. Por lo tanto, es importante para un emprendedor tener una mentalidad abierta, enfocada en el aprendizaje continuo, y estar dispuesto a tomar decisiones informadas y a rodearse de un equipo de apoyo para maximizar sus posibilidades de éxito.

5.3. ¿Cuáles son las características de un emprendedor que va rumbo al fracaso?

Las características que pueden identificar a un emprendedor que va rumbo al fracaso incluyen:

1. Falta de planificación: No tener un plan claro de negocios, objetivos a largo plazo y estrategias claras para alcanzarlos.
2. Falta de investigación: No investigar adecuadamente el mercado, la competencia y los clientes potenciales.

3. Falta de recursos: No tener acceso a los recursos adecuados, incluyendo finanzas, personal y equipos técnicos.

4. Egoísmo: Enfocarse en las ganancias personales en lugar de en el éxito del negocio y las necesidades de los clientes.

5. Impaciencia: Esperar resultados rápidos y no tener la paciencia y la dedicación necesarias para construir un negocio sólido y sostenible.

6. Falta de habilidades: No tener las habilidades necesarias para manejar un negocio, incluyendo habilidades administrativas, de liderazgo y de toma de decisiones.

7. Mentalidad cerrada: No estar dispuesto a aprender y a cambiar, o a ser abierto a nuevas ideas y oportunidades.

8. Falta de enfoque: Distraerse fácilmente con oportunidades de negocios secundarias o con problemas personales en lugar de enfocarse en el éxito del negocio.

9. Resistencia al cambio: Si un emprendedor no está dispuesto a adaptarse a los cambios en el mercado o a las tendencias de la industria, es probable que su empresa fracase.

10. Tomar decisiones basadas en emociones en lugar de hechos: Las decisiones basadas en emociones en lugar de en la investigación y los datos pueden ser perjudiciales para el éxito de la empresa.

Es importante destacar que cualquier emprendedor, incluso aquellos con características positivas, puede tener éxito o fracasar. Sin embargo, es importante ser consciente de estas características para poder tomar medidas para evitar los errores comunes que llevan al fracaso empresarial.

5.4. ¿El fracaso de un emprendedor tiene relación con el tipo de negocio o proyecto?

El tipo de negocio o proyecto puede tener un impacto en el éxito o fracaso de un emprendedor. Por ejemplo, un proyecto que no se ajusta a las necesidades del mercado, no tiene una estrategia clara o no cuenta con una base sólida de investigación y planificación puede ser más propenso al fracaso. Además, un emprendedor que no es capaz de adaptarse a los cambios del mercado o a las tendencias de la industria también puede estar en riesgo de fracasar. Por otro lado, un emprendedor que ha investigado y planificado cuidadosamente su proyecto, ha identificado una necesidad del mercado y ha creado una estrategia sólida para abordar esa necesidad tiene una mayor probabilidad de éxito.

5.5. ¿Cómo es la mente de un emprendedor que va rumbo al fracaso?

La mente de un emprendedor que va rumbo al fracaso puede ser rigida y cerrada a nuevas ideas o cambios. También puede tener una falta de confianza en sus propias habilidades y decisiones, y puede ser demasiado optimista o inseguro en cuanto a su proyecto y sus metas. También puede tener un enfoque poco ético en su negocio, ignorar los consejos de expertos y tener una falta de planificación y preparación adecuadas para el éxito. Es importante tener una mentalidad flexible, abierta a aprender y crecer, y estar comprometido con el éxito y la sostenibilidad a largo plazo para tener éxito como emprendedor.

5.6. Los aspectos claves de la mente de un emprendedor que va rumbo al fracaso.

Los aspectos claves de la mentalidad del emprendedor que va rumbo al fracaso son:

5.6.1. Tiene una mente visionaria pero su mente no es realista.

Significa que un emprendedor con una mentalidad hacia el fracaso tiene grandes ideas y puede ser innovador, pero su forma de pensar no es práctica y puede no estar basada en la realidad. No tienen una comprensión clara de los obstáculos y desafíos que pueden surgir en el camino, y pueden sobreestimar las posibilidades y la viabilidad de sus ideas. Esto puede llevar a un enfoque inadecuado en la planificación y la ejecución de su empresa, lo que puede aumentar las posibilidades de fracaso. Es importante tener una visión clara y realista de los desafíos y los requisitos del mercado y del negocio para tener éxito como emprendedor.

5.6.2. Tiene una mente creativa pero no es práctica.

Significa que el emprendedor tiene una tendencia a tener ideas y soluciones originales y fuera de lo común, pero a menudo no valora o no considera las realidades prácticas y las limitaciones del mercado, la tecnología o las finanzas, lo que puede llevar a una falta de planificación adecuada y una ejecución ineficaz de su proyecto. Esta combinación de creatividad y falta de realismo puede aumentar el riesgo de fracaso en el emprendimiento.

5.6.3. Tiene una mente lenta para ver oportunidades de negocio.

Significa que un emprendedor que va rumbo al fracaso tiene dificultades para identificar y aprovechar las oportunidades de negocio que surgen en el mercado. Esto puede ser debido a una falta de visión estratégica, un enfoque limitado en el mercado o una falta de habilidades para analizar la situación y tomar decisiones rápidas y precisas. Esta falta de habilidades puede hacer que el emprendedor se pierda oportunidades importantes para crecer y expandir su negocio, lo que puede ser un factor importante en su eventual fracaso.

5.6.4. Tiene una mente que no puede diseñar planes.

Un emprendedor con esta característica no es capaz de planificar y estructurar adecuadamente sus objetivos y acciones para lograr el éxito en su negocio. Esto puede llevar a una falta de claridad y dirección en el camino hacia el éxito, y puede aumentar las posibilidades de fracaso. Es importante que un emprendedor sea capaz de desarrollar y ejecutar un plan estratégico sólido para maximizar sus posibilidades de éxito.

5.6.5. Tiene una mente incapaz de adaptarse rápidamente a los cambios en el mercado.

El emprendedor en cuestión no tiene la capacidad de reaccionar y responder rápidamente a los cambios en el mercado o en su entorno empresarial. Esto puede ser debido a una falta de flexibilidad o capacidad de adaptación, lo que puede hacer que su negocio no sea capaz de mantenerse al día con las tendencias y las necesidades de los clientes y, en consecuencia, perder terreno frente a la competencia. Esta falta de capacidad de adaptación puede ser un factor decisivo en el fracaso del emprendimiento.

5.6.6. Tiene una mente que incapaz de ver los beneficios de realizar investigaciones del mercado.

Este tipo de emprendedor no se preocupa por investigar el mercado y comprender las necesidades y deseos de los clientes potenciales, lo cual es un aspecto clave para el éxito en cualquier negocio. Al no tener una comprensión clara del mercado y de las tendencias, es más probable que su proyecto no tenga éxito y que fracase. La falta de investigación también puede llevar a decisiones equivocadas y a la implementación de estrategias ineficaces.

5.6.7. Tiene una mente cerrada y egoísta.

Significa que el emprendedor tiene una mentalidad poco colaborativa y centrada en sus propios intereses, en lugar de buscar soluciones que sean positivas para su negocio y para su equipo. Este tipo de mentalidad puede hacer que el emprendedor tenga dificultades para trabajar en equipo y para hacer alianzas estratégicas, lo cual es fundamental para el éxito de un negocio. Además, una mente cerrada y egoísta puede obstaculizar la capacidad del emprendedor para pensar fuera de la caja y para adaptarse a los cambios en el mercado, lo cual puede ser perjudicial para el éxito a largo plazo de su negocio.

5.6.8. Tiene una mente incapaz de analizar los riesgos.

Significa que el emprendedor no es capaz de evaluar adecuadamente los riesgos asociados a su negocio o proyecto, lo que puede llevar a tomar decisiones equivocadas y a una mayor probabilidad de fracaso. La falta de análisis de riesgos adecuado puede resultar en una mala gestión del presupuesto, una falta de preparación para situaciones imprevistas y una incapacidad para predecir y prevenir problemas. Esto puede ser una desventaja importante para el éxito de un emprendimiento.

5.6.9. Tiene una mente con falta de enfoque.

Significa que el emprendedor tiene dificultad para mantenerse concentrado en sus objetivos y en el rumbo que debe seguir su negocio. La falta de enfoque puede hacer que el emprendedor pierda de vista sus metas y se distraiga con oportunidades secundarias o problemas irrelevantes, lo que a su vez puede resultar en una falta de progreso y una mayor probabilidad de fracaso en el emprendimiento.

Este emprendedor suele distraerse fácilmente con oportunidades de negocios secundarias o con problemas personales en lugar de enfocarse en el éxito del negocio.

5.6.10. Tiene una mentalidad impaciente.

El emprendedor tiene una tendencia a actuar sin pensar con suficiente detenimiento o a tomar decisiones precipitadas. Esto puede llevar a tomar decisiones basadas en emociones o impulsos en lugar de un análisis racional y cuidadoso. La falta de paciencia también puede hacer que el emprendedor se desanime fácilmente y abandonar su emprendimiento antes de que tenga la oportunidad de tener éxito. En resumen, una mentalidad impaciente puede ser perjudicial para el éxito de un emprendimiento a largo plazo.

5.6.11. Tiene una mentalidad débil que se quiebra frente al fracaso.

El emprendedor en cuestión no tiene una mentalidad resiliente y puede verse abrumado y desmotivado ante los obstáculos y el fracaso. La falta de fortaleza mental puede afectar su capacidad para perseverar y encontrar soluciones creativas ante las dificultades que surgen en el camino del emprendimiento. Esto puede llevar a una actitud negativa y a la abandono del proyecto, lo que a su vez puede llevar al fracaso del emprendimiento.

5.6.12. Tiene una mente no preparada y con falta de habilidades.

Significa que este tipo de emprendedor no ha adquirido las habilidades y conocimientos necesarios para gestionar un negocio exitosamente. Es posible que hayan subestimado la complejidad y la cantidad de esfuerzo que requiere ser un emprendedor exitoso, o que no hayan invertido el tiempo y los recursos en formarse y prepararse adecuadamente. Esto puede llevar a tomar decisiones equivocadas, a no poder resolver problemas de manera efectiva o a no ser capaces de adaptarse a los cambios en el mercado o en el entorno empresarial. Todo esto puede resultar en el fracaso del negocio.

5.6.13. Tiene una mente caracterizada por el libertinaje.

El término libertinaje se refiere a un comportamiento desenfrenado y sin restricciones, y sugiere una falta de disciplina y responsabilidad. En el contexto de un emprendedor, una mente caracterizada por el libertinaje podría ser indecisa y falta de dirección, lo que resultaría en una falta de enfoque y planificación en su emprendimiento. Esto podría llevar a decisiones imprudentes y una falta de preparación para los obstáculos que surgen en el camino hacia el éxito empresarial. Por lo tanto, una mente libertina puede ser un obstáculo para el éxito empresarial y puede ser un indicador de que el emprendedor se dirige hacia el fracaso.

5.6.14. Tiene una mente emocional porque toma decisiones basadas en emociones en lugar de hechos.

Significa que este tipo de emprendedor toma decisiones impulsadas por sus emociones y no por la lógica y la información objetiva. Esto puede llevar a decisiones poco acertadas y que no estén alineadas con los objetivos a largo plazo del negocio, lo que aumenta las posibilidades de fracaso. Es importante que los emprendedores mantengan un equilibrio entre sus emociones y su capacidad de tomar decisiones basadas en hechos y análisis cuidadosos para maximizar las posibilidades de éxito.

5.6.15. Tiene una mente incapaz de formar alianzas estratégicas.

El emprendedor tiene dificultades para establecer y mantener relaciones productivas y colaborativas con otros individuos o empresas, lo que puede limitar su capacidad de obtener apoyo, recursos y sinergias que son esenciales para el éxito a largo plazo en cualquier negocio. La formación de alianzas estratégicas es una parte importante de la construcción de una red de contactos sólida y una presencia fuerte en el mercado, y una mente incapaz de hacerlo puede ser un obstáculo importante para el éxito empresarial.

5.6.16. ¿El emprendedor que va rumbo al fracaso tiene en su mente la búsqueda del éxito?

Hay que tener en cuenta que todos los emprendedores buscan tener éxito en su empresa o proyecto. Sin embargo, el éxito no depende solo de tener ganas o deseos, sino también de cómo se manejan y se abordan las situaciones y decisiones importantes.

Un emprendedor que va rumbo al fracaso puede tener una mentalidad que busque el éxito de manera impulsiva, sin tener un plan sólido y bien estructurado. También pueden buscar el éxito de manera egocéntrica, sin tener en cuenta a su equipo y al entorno. Estas actitudes pueden llevar a decisiones precipitadas y poco reflexivas, que a su vez pueden tener un impacto negativo en el negocio y llevarlo hacia el fracaso. Por lo tanto, es importante tener una mentalidad equilibrada y bien enfocada que busque el éxito de manera realista, consciente y con un plan sólido en lugar de solo basarse en deseos o expectativas.

5.7. ¿Qué tengo que hacer para no ser un emprendedor que va rumbo al fracaso?

Para evitar ser un emprendedor que va rumbo al fracaso, es importante tomar en cuenta los siguientes puntos:

1. Planificación: Diseña un plan de negocios sólido y realista, que incluya un análisis de mercado, una estrategia clara y una hoja de ruta detallada.
2. Investigación: Investiga el mercado, la industria y los competidores antes de iniciar tu negocio.

3. Adaptabilidad: Mantente abierto a los cambios y a las nuevas oportunidades, y está dispuesto a adaptarte rápidamente a ellos.

4. Mentalidad de crecimiento: Mantén una mentalidad positiva y una actitud de crecimiento, y no te desanimes ante el fracaso o los reveses.

5. Habilidades: Adquiere las habilidades y conocimientos necesarios para administrar y liderar tu negocio exitosamente.

6. Colaboración: Forma alianzas estratégicas y trabaja con otros emprendedores y expertos en tu industria para ampliar tus conocimientos y fortalecer tu negocio.

7. Toma de decisiones basadas en hechos: Evita tomar decisiones basadas en emociones y en su lugar, toma decisiones basadas en hechos y análisis objetivos.

8. Enfoque: Mantente enfocado en tus objetivos a largo plazo y no te dejes distraer por pequeños problemas o desafíos.

Siguiendo estos consejos, puedes estar en camino a ser un emprendedor exitoso y evitar ser un emprendedor que va rumbo al fracaso.

REFERENCIAS

Alvarado, B. (2021). *Empresa: "AndoMarketing: Agencia Creativa de Marketing Digital"*. https://www.google.com/url?sa=t&rct=j&q=&esrc=s&source=web&cd=&cad=rja&uact=8&ved=2ahUKEwja5YCthYz9AhUGpJUCHdFkB1QQFnoECAoQAQ&url=https%3A%2F%2Fwww.deleyes.pe%2Farticulos%2Fempresa-andomarketing-agencia-creativa-de-marketing-digital%2Fdownload-content-pdf&usg=AOvVaw0XQRkDPg_U94vkqudJpk9r

Boluda, J. (2016). *En cien años todos muertos*. https://apptumedida.net/wp-content/uploads/2019/12/034-En-cien-a%C3%B1os-todos-muertos-Joan-Boluda.pdf

Calle, D. (2015). *No te rindas nunca*. https://www.planetadelibros.com/libros_contenido_extra/31/30567_No_Te_Rindas_Nunca.pdf

Grandes, A. (2018). *Haciendo el Superman*. https://es.linkedin.com/pulse/haciendo-el-superman-aitor-grandes

Jauregui, F. (2014). *1001 consejos para emprender*. http://www.ciberoamericana.com/pdf/EOI.pdf

Mina, H. (2019). *Autoestima en palabras sencillas.* https://issuu.com/cineclubeee/docs/autoestima_en_palabrasa_sencillas

Pyme. (2022). *Mas frases de famosos emprendedores que inspiran.* https://www.pyme.es/mas-frases/

www.ingramcontent.com/pod-product-compliance
Lightning Source LLC
Chambersburg PA
CBHW031435210526
45464CB00005B/2215